Karl Neef

Nürnberger Weihnachtsbackbuch

Plätzchen, Lebkuchen & Pralinen

Konditor-Rezepte zum Selbermachen

EDITION HAUSCH HÄDECKE VERLAG

Karl Neef ist am 28. Oktober 1943 in Nürnberg geboren.
Mit 14 Jahren fängt er eine Konditorenlehre an.
Nach zweijähriger Gehilfenzeit beginnt er einen mehrjährigen Studienaufenthalt im Ausland. Stationen sind u.a. die Schweiz (Grand Hotel Bürgenstock), Amsterdam und schließlich mit der Nieuw Amsterdam der Holland-Amerika-Linie die USA, Karibik und Südamerika.
1966 absolviert er in Nürnberg die Konditormeisterprüfung.
Im gleichen Jahr heiratet er seine ebenfalls aus einer alteingesessenen Konditorenfamilie stammende Frau Ingrid, die ihn heute trotz zweier Söhne tatkräftig in der eigenen Confiserie in der Winklerstraße 29 in Nürnberg unterstützt. Dort hat er sich nach einem letzten Studienaufenthalt in Bad Reichenhall 1968 selbstständig niedergelassen.
Heute gilt Karl Neef als einer der ideenreichsten und kreativsten Konditoren in Deutschland und das Gourmet-Magazin VIF nennt ihn gar den besten Lebkuchenbäcker in unserem Lande.
Seine Gebäckkompositionen werden täglich – von den kleinsten bis zu den größten Mengen – in alle Welt verschickt.
Der individuelle Haushalt bestellt seine Dose Lebkuchen – frisch aus dem Backofen – ebenso selbstverständlich wie die führenden Feinkost- und Delikatessengeschäfte aller Kontinente. Dort gehört beispielsweise das weltberühmte Kaufhaus Macy in New York ebenso zu seinen Kunden wie der größte japanische Kaufhauskonzern Isetan in Tokio, wo Karl Neef 1985 ein vielumjubeltes Gastspiel gab. Selbstverständlich, daß er im ständigen Erfahrungsaustausch mit seinen führenden Kollegen im In- und Ausland steht.
Seine Eigenschöpfungen werden laufend in der internationalen Presse vorgestellt, das Fernsehen hat bereits mehrmals aus der Neef'schen Backstube Sendungen übertragen.
„Das Nürnberger Weihnachtsbackbuch" ist die erste Buchveröffentlichung von Karl Neef und ein vorläufiger Höhepunkt in der Karriere dieses außergewöhnlichen Konditors.

ISBN 3-7750-0158-1
Fotos: Foto Design Bruno Hausch, 7460 Balingen.
Styling: Margot Monerjan-Stermann

Printed in Germany.
Satz: Manhillen Fotosatz GmbH, 7255 Rutesheim.
Druck: Ernst Uhl, 7760 Radolfzell.

Mengen, Maße und Gewichte:

g	= Gramm
kg	= Kilogramm
l	= Liter
ml	= Milliliter
100 ml	= ca. 5 – 6 Eßlöffel
125 ml	= ⅛ l
1 cl	= 1/100 Liter = 10 ml
2 cl	= 1 Schnapsglas
Teel.	= Teelöffel, ca. 5 – 6 Gramm
1 Ei	= 50 Gramm
1 Eiweiß	= ca. 30 Gramm
Staubzucker	= Puderzucker

Mit viel Freude habe ich dieses Buch aus dem Blickwinkel des Konditors geschrieben, um Ihnen die Arbeit während der ohnehin schon turbulenten Weihnachtsvorbereitungen zu erleichtern.
Ich empfehle Ihnen, in einer gemütlichen Stunde das vorliegende Buch durchzublättern und die Ihnen zusagenden Sorten in aller Ruhe auszusuchen. Viele Gebäckvariationen sind eine Ableitung des am jeweiligen Kapitelanfang genannten Grundrezeptes. Dadurch können Sie mit weniger Zeitaufwand, als vielleicht bisher gewohnt, eine Vielzahl verschiedenartigster Plätzchen herstellen.
Wenn Sie – so wie ich – immer frische und erstklassige Zutaten verwenden, dazu locker und mit Freude an die Arbeit gehen und dann auch noch die Rezepturen genau einhalten, kann eigentlich nichts schiefgehen.
Ein wenig Probleme bereiten mir, ehrlich gesagt, die Backzeiten. Betrachten Sie sie bitte nur als Anhaltspunkte oder Mindestzeiten, denn jeder Ofen und jedes Fabrikat bäckt etwas anders.
Grundsätzlich gilt, daß man alle Mürbeteige sowie Sandgebäck nach der Farbe bäckt, Makronen sehr sanft und Schaumgebäck eigentlich nur trocknet.
Besonders empfindlich ist der Lebkuchen, der mit viel Sorgfalt behandelt werden will. So werden Honigschnitten und Elisenlebkuchen vorsichtig auf der Oberseite betastet. Federn sie leicht, dann sind sie auch schon fertig. Das gilt auch für Biskuit.

Sie sehen schon, auch beim Backen kommt es sehr auf das Gefühl an. Keine optimalen Ergebnisse habe ich mit Umluftöfen erzielt, beachten Sie also bitte in diesem Fall besonders die Hersteller-Angaben.
Meine Nummernangaben bei den Spritztüllen beziehen sich auf die jeweilige Größe. Nr. 5 hat eine Spritzöffnung von 8 mm ⌀, Nr. 9 einen Durchmesser von 12 mm. Sicher haben Sie bereits einige Spritztüllen, die Sie jederzeit durch geschicktes Variieren einsetzen können.
Alle verwendeten Rohmaterialien sind im Handel erhältlich. Bekannte Firmen bieten sehr gute Qualität auch in kleinen Packungen an. Mit Sicherheit wird in schwierigen Situationen Ihr Konditormeister Ihnen mit Rat und Tat zur Verfügung stehen und Ihnen notfalls mit dem einen oder anderen Rohmaterial aushelfen. Nüsse sollten Sie immer aus der gerade laufenden Ernte kaufen. Müssen Haselnüsse geröstet werden, so rösten Sie die ganze Nuß und reiben Sie sie erst anschließend. Sie haben dadurch ein bedeutend stärkeres Aroma.
Eier habe ich immer zu 50 Gramm verwendet, wie auch das Mehl der Type 405.
Ein herzliches Dankeschön sage ich den Hausfrauen, die mich fleißig mit unzähligen Backversuchen und vielen Ratschlägen aus ihrer Haushaltserfahrung unterstützt haben.
Einen besonderen Dank richte ich auch an die Adresse meiner Freunde Bruno Hausch, in dessen Edition innerhalb des Hädecke Verlags dieses Buch erscheint, und an Heinzrolf M. Schmitt, den Besitzer des berühmten Restaurants „Essigbrätlein" in Nürnberg und der HMS-KOCHAKADEMIE. Er vermittelte mir die Bekanntschaft mit Bruno Hausch und hatte auch die Idee zum Nürnberger Weihnachtsbackbuch. Bruno Hausch hat schließlich das Ganze mit seinem meisterlichen Können ins „rechte Licht" gerückt.
Ich wünsche mir sehr, daß es uns gelungen ist, Sie in die richtige Weihnachtsstimmung zu versetzen, und daß Sie viel Freude und Genuß beim Mitbacken haben.

Ihr Karl Neef

NÜRNBERG, schon im Mittelalter „des Reiches Schatzkästlein" genannt, ist heute sicher eine der schönsten und attraktivsten Städte Europas.
Eine mächtige Burg erhebt sich schützend über den vielen verwinkelten, von Fachwerkfassaden und Sandsteinfronten umsäumten Gassen und Innenhöfen. Ein gemütlich dahinfließender Fluß – die Pegnitz – teilt die vom tiefen Graben umgebene Altstadt in zwei grundverschiedene Hälften. Vier runde, dickbauchige und behäbige Türme öffnen den auswärtigen Besuchern den Zugang zu vielen Sehenswürdigkeiten: Kirchen mit unschätzbaren Kunstgegenständen, kleinen, überschaubaren und großen, eindrucksvollen Museen und alten Häusern, deren imposantes Äußeres an den Reichtum ihrer Vorbesitzer erinnern.
Mittelpunkt der Stadt jedoch ist der Hauptmarkt mit seinem Schönen Brunnen und der gotischen Frauenkirche, wo jeden Mittag genau um zwölf Uhr das „Männleinlaufen" viele große und kleine Zuschauer aus aller Welt anlockt, um gespannt zu verfolgen, wie die sieben Kurfürsten Kaiser Karl IV. ihre Reverenz erweisen.
Das ganze Jahr über ist etwas los an diesem wichtigsten Platz der Stadt.
Um die Osterzeit kommen von überall her die Töpfer und Geschirrhändler zum traditionellen Geschirrmarkt. Mit den ersten wärmenden Strahlen der Sommersonne folgen dann die Bauern aus dem benachbarten Knoblauchsland und halten ihre Waren feil: Rettiche und Radieschen, Krautköpfe, Hopfensprossen und den begehrten Spargel, der allmorgendlich in den Sandbeeten vor den Toren der Stadt gestochen wird. Im Herbst lädt das Altstadtfest ein zu fröhlichem, lärmendem Umtrieb in die vielen, eigens für diesen Anlaß errichteten Wirtshäuslein bei herzhaftem Schmausen und Trinken des jungen Weines und im Winter schließlich...
Im Winter ist in Nürnberg Christkindlesmarkt.
Das ist eine kleine Stadt inmitten der großen Stadt: Dunkelbraune Holzbuden sind aneinandergereiht und wunderbar weihnachtlich geschmückt mit bunten Glaskugeln, leuchtenden Kerzen, glitzernden goldenen Rauschgoldengeln. Angeboten wird von den Verkäufern alles, was man mit Weihnachten in Verbindung bringt:
Spielwaren, Musikinstrumente, Christbaumschmuck, Gewürze und Spezereien und natürlich Weihnachtsgebäck in allen Variationen.
Die Einheimischen und die Kenner meiden den Markt am Wochenende. Zu hektisch ist die Betriebsamkeit, die durch Tausende von auswärtigen Besuchern verursacht wird und es ist ein einziges Schieben und Drängen durch die Enge der Budengassen.
Unter der Woche aber – am frühen Abend –, da gibt es sicher nirgendwo Schöneres als dieses unbeschreibliche Gemisch von Gerüchen, Geräuschen, Düften und vielfarbig schimmernden Lichtern. Man trifft sich mit Bekannten, bummelt gemeinsam durch die engen Gassen, kauft einen der typischen Zwetschgenmänner für das Geschenkpaket an liebe, weitentfernte Freunde. Gebrannte Mandeln nascht man und süßgesponnenes Engelshaar, wärmt sich an dampfendem, köstlich riechendem Glühwein und saugt den Geruch von Bratwürsten, Sauerkraut und Bratäpfeln, von Zimt, Nelken, Anis, Koriander und Honig ein.
Schon 1530 erwähnte einer der großen Söhne der Stadt, der Schuhmacher und Poet Hans Sachs, in seinem Buch über das Schlaraffenland die weltweit wohl bekannteste Spezialität seiner Heimatstadt: den Lebkuchen.
Sicher lag in der günstigen geographischen Lage Nürnbergs die Begründung für die Entstehung des Lebkuchens. Zum einen war die Noris vollständig umgeben vom Reichswald, den man auch des heiligen römischen Reiches Bienengarten nannte. Die dort lebenden Zeitler – heute würde man sie Imker nennen – hatten Honig im Überfluß und brachten verständlicherweise ihre schier unerschöpflichen Vorräte täglich auf den Markt der nahen Stadt. Zum anderen trafen im Schnittpunkt der Handelswege zwischen Ost und West, Nord und Süd ständig Kaufmannszüge ein, die auf dem Rückweg von Venedig

die mannigfachsten Gewürze mitbrachten, die auf dem Seeweg vom weit entfernten Indien angekommen waren.
So war es nur logisch, daß diese Produkte, die teurer als Gold und Edelsteine waren, in den Küchen der reichen Patrizier und Kaufleute Überlegungen auslösten, welche Köstlichkeiten mit ihrer Hilfe zubereitet werden könnten.
Zunächst wurde jedoch in den nicht gerade armen Klöstern damit begonnen, Honig und Pfeffer zu mischen und daraus ein würziges, fladenartiges Gebäck zu bereiten.
Man munkelte aber auch bald, daß diese gutgewürzte Gaumenfreude der Moral der Mönche ziemlich abträglich sei und so wurde sie rasch wieder vom Speisenzettel gestrichen und schließlich verboten.
Die Nürnberger Bäcker ihrerseits nahmen dieses neuartige Honigbrot mit Freude in ihr Herstellungsprogramm auf. Chronisten wissen zu berichten, daß es einen Ratserlaß vom 12. April 1516 gibt, wonach jedermann, der in der Karwoche auf dem Markt seine Ware anbietet, dem Einnehmer einen Lebkuchen als Standgebühr abgeben muß.
All denen gegenüber, die immer etwas wehmütig von der guten alten Zeit schwärmen, sei der Hinweis erlaubt, daß auch im Mittelalter das Leben offensichtlich so einfach nicht war und es zu allen Zeiten Leute gegeben hat, die wußten, wie man ohne viel eigenes Zutun an das Geld seiner Mitmenschen herankommt...
Trotz dieser Anordnungen nahm der neue Beruf derart schnell überhand, daß im Jahre 1629 eine Handwerksordnung erschien, die strikt vorschrieb, daß jeder Lebküchner in Nürnberg einen eigenen Rauchfang haben mußte. Ein weiterer Ratserlaß des Jahres 1643 bestimmte letztendlich, daß nun der Lebküchner ein eigenständiger Beruf wurde.
Diese Entscheidung der Ratsherren allerdings löste nun einen lange währenden Krieg zwischen den alteingesessenen Zuckerbäckern und den Lebkuchen backenden „Neulingen" aus. Hatten die einen früher bei den anderen gelernt, Lebkuchen auf Oblaten zu backen, damit das Innere trotz großer Ofenhitze saftig blieb, übernahmen die Zuckerbäcker jetzt die Methode, Lebkuchen auch aus Mandeln und anderen neuartigen Zutaten zu bereiten.
Neid und Mißgunst führten zu vielen Prozessen zwischen den Parteien und verursachten enorme Kosten für die Streitenden.
Am 25. Oktober 1808 beendete König Maximilian I. von Bayern den „Nürnberger Lebkuchenkrieg" und entschied salomonisch, daß künftig Lebküchner u n d Zuckerbäcker Oblatenlebkuchen herstellen durften.
Das verhalf dem Gebäck, das durch den Handel der Nürnberger Kaufleute schon fast weltweit verbreitet war, zu weiterem Ruhm und Aufschwung.
1820 gelingt den Lebküchnern der bis dato wohl gelungenste Streich:
Der völlig neue Elisenlebkuchen entsteht und tritt einen unvergleichlichen Siegeszug an. Unklar und Legende zugleich ist bis heute allerdings, wieso dieses köstliche Produkt, das beispielsweise nur bis zu höchstens 10 % Mehl enthalten darf, zu diesem Namen gekommen ist.
Stand einfach ein hübsches Mädchen namens Elise dafür Patin oder muß man doch bis in die sagenumwobene griechische Götterwelt zurückgehen, wo es ja mit dem Elysium die Insel der Seeligen gegeben haben soll?
Wie auch immer – heute ist dieses unverwechselbare Markenzeichen unserer Stadt der Inbegriff weihnachtlicher Backkunst in aller Welt.
Und Weihnachten kann man sich ja immer vorstellen – in jedem Alter, zu jeder Jahreszeit, in jedem Land.
Weihnachten, das ist auch immer Erinnerung.
Noch heute wandern sorgsam gehütete Rezepte, in leinengebundenen Heften handschriftlich notiert, von der Mutter auf die Tochter und die Enkelin. Und welche Freude ist es, wenn nach wochenlangem geheimnisvollen Werken und Schaffen dann im Lichterglanz des Weihnachtsbaumes eine fast unerschöpfliche Vielfalt von verschiedenartigsten Backwaren und Plätzchen der staunenden und entzückten Familie präsentiert werden kann.

Einzelheiten aus der lange zurückliegenden Kindheit kommen ins Gedächtnis. Damals erzählte in den schier endlos scheinenden Wochen und Tagen vor dem Fest die Großmutter, daß sie ganz deutlich gehört habe, wie das Christkind mit seinen Engeln über das Haus geflogen sei und ein Gebäckstücklein habe fallen lassen.
Da weiß man plötzlich wieder, wie es war, als man mit nackten Füßen fröstelnd im Dunkel der Nacht über den Flur schlich, vorsichtig und ängstlich zugleich die Klinke der Küchentür herunterdrückte und dann behend und eifrig die Schubladen der Truhen und Schränke durchstöberte. Welche Freude, wenn man das Gesuchte endlich entdeckt hatte.
Rasch stibitzte man ein Stückchen, ein nächstes noch und schließlich eines noch für den Rückweg. Zitternd schließlich lag man dann wieder geborgen im warmen Bett, zog die Decke fest über den Kopf und hoffte, daß alle Spuren der nicht erlaubten Tat gut verwischt seien.
Bei jedem Knarren der Balken im Haus fürchtete man, daß plötzlich die Tür aufgehen könne und der Vater einen zur Rechenschaft zöge.
Am anderen Morgen dann beim Frühstück der Versuch, möglichst gelassen und unbefangen auszusehen, und doch wurde man rot, wenn man vom prüfenden Blick der Mutter gestreift wurde. Und die wußte natürlich ganz genau, daß auch dieses heimliche Naschen ein wichtiger Teil der wunderbaren Winterzeit war, und übersah geflissentlich, daß nicht alles mit rechten Dingen zuging.
Klug und gütig wie sie war, hatte sie den heimlichen „Schwund" vorausgesehen und immer soviel Gebäck vorbereitet, daß der Vorrat bis weit in den Januar hinein reichte und die Teller mit all den köstlichen Lebkuchen, Makronen, Zimtsternen und Butterzeug gefüllt waren.
Erinnern Sie sich noch? War es nicht auch bei Ihnen so ähnlich?
Doch zurück zur Gegenwart.
Mit dem Ihnen vorliegenden Buch versuchen wir, Ihnen im gleichen Maß Freude auf die schönen Wochen der Vorweihnachtszeit und kulinarisches Wissen zu vermitteln.
Zur langen Tradition kommt nun das Können, Überliefertes behutsam und ohne Schaden in moderne, leicht nachvollziehbare Formen zu bringen.
Dem Neuling und Einsteiger, der sich zum ersten Mal in der Kunst des Backens versucht, wollen wir Hilfestellung mit der echten Chance auf hervorragendes Gelingen geben und einfach zu praktizierende Wege aufzeigen.
Dem fortgeschrittenen Eleven und gar arrivierten Könner dagegen soll dieses kleine Werk Denkanstöße zu weiterer, eigenständiger Kreativität geben.
So oder so soll letztendlich jeder das in seiner Möglichkeit Machbare finden.
Wenn Sie darüber hinaus beim Blättern in diesem Buch etwas Vorfreude auf die Weihnachtsbackzeit, die nun vor Ihnen liegt, finden, dann sind wir mehr als zufrieden.
Sollte Sie Ihr Weg einmal zur Weihnachtszeit ins verschneite winterliche Nürnberg führen, dann schauen Sie bei uns herein.
Es wird uns eine ganz besondere Freude sein, Ihnen zu zeigen, daß es Weihnachten zwar überall auf der Welt gibt, aber Weihnachten trotzdem nirgendwo so ist wie hier in unserer Stadt.

Heinzrolf M. Schmitt

Buttermürbeteig

Solange es die Weihnachtsbäckerei gibt, diskutiert man darüber, welcher Teig denn nun der eigentlich klassische Weihnachtsteig sei.
Ich denke, daß dieses Prädikat dem Buttermürbeteig zusteht.
Wie bei allen unseren anderen Herstellungshinweisen sei auch hier die ausdrückliche Bemerkung erlaubt, daß nur frische Zutaten von allerbester Güte Garant für Erfolg und Wohlgeschmack sind. Auch müssen alle im Rezeptteil angegebenen Gewichte auf das Genaueste eingehalten werden.
Zu Ihrer Sicherheit habe ich die aufgeführten Rezepturen mehrmals von Hausfrauen mit den unterschiedlichsten Backerfahrungen ausprobieren lassen und es waren keinerlei Mißerfolge zu verzeichnen.
Wie die Bezeichnung Buttermürbeteig schon sagt, ist die Hauptkomponente der Zusammensetzung wirklich frische Butter oder gar Butterschmalz. Letzteres ist das Ergebnis von veredelter bzw. gereinigter Butter und verlangt natürlich auch einen relativ hohen Herstellungspreis.
Vielleicht haben Sie auf Ihrem Einkaufsmarkt eine Bauersfrau, die Ihnen bei Bedarf eine Scheibe vom Butterschmalzblock herunterschneiden kann und Ihnen so zu einer ganz besonders frischen und guten Qualität verhilft, aber andernfalls geht natürlich auch ein Erzeugnis aus einer ganz normalen Molkerei.
In jedem Fall ist es ganz wichtig, daß bei dem hohen Anteil von Butter oder Butterschmalz in diesem ganz speziellen Teig auch kein anderer, und sei er noch so gepriesen, Ersatz verwendet wird.

Der Trick:
Man kann ganz nach Belieben größere Teigmengen herstellen und dann eingewickelt mehrere Tage im Kühlschrank aufbewahren.

Durch das Beifügen von immer neuen Gewürzen und verschiedenen Füllungen läßt sich der Buttermürbeteig so auf leichte Art phantasievoll ständig variieren und mit etwas Einfallsreichtum entstehen täglich neue Weihnachtsleckereien.
Bewußt habe ich einen Großteil meiner Rezepte aus dem gleichen Grundteig komponiert, um Ihnen Spielraum für eigene Kreationen zu lassen und zugleich unsere Angaben in der Praxis möglichst einfach nachzuvollziehen.

Wichtig:
Auf Grund der besonders frischen Zutaten ist die Haltbarkeit verständlicherweise begrenzt. Da aber auch hier wie bei anderen Weihnachtsbackwaren der Grundsatz gilt, daß in der Frische der besondere Genuß liegt, kann man sicher mit diesem kleinen Nachteil recht gut leben.
Der ideale Backbeginn ist zwischen Ende November und Anfang Dezember, und mit dieser Zeitangabe geben wir Ihnen gleichzeitig die Gewißheit, daß Sie im rechten Moment den gewünschten Erfolg bei sich und Ihrer Familie haben werden.

Buttermürbeteig

Grundrezept

Zutaten:

175 g Butter
175 g reines Butterschmalz
das Abgeriebene einer Zitrone
das Mark einer Vanilleschote
5 Eigelb
200 g Zucker
1 cl Arrak
530 g Mehl

Zubereitung:

Die zimmerwarme Butter und das Butterschmalz in eine Schüssel geben und mit dem Knethaken einer Küchenmaschine auf langsamster Stufe glattrühren. Eine ungespritzte Zitrone abreiben, das Mark einer Vanilleschote auskratzen und mit dem Eigelb, Zucker und Arrak unter die Butter rühren. Die Masse darf weder schaumig noch weich gerührt werden. Das Mehl dazugeben und kurz zu einem glatten Teig kneten.
Den Teig abgedeckt 2 – 3 Stunden im Kühlschrank ruhen lassen.
Beim Ausrollen so wenig Mehl wie möglich verwenden, um die Qualität nicht zu verändern.
Für alle Gebäcksorten aus Buttermürbeteig den Ofen auf 190 Grad vorheizen und goldgelb backen.

Wenn keine Küchenmaschine vorhanden ist: das Mehl auf den Tisch oder ein Backbrett sieben und einen Kranz bilden. Die restlichen Zutaten in der Mitte zusammenmischen und mit dem Mehl zu einem Teig verkneten.

Vanillekipferl

Zutaten:

210 g Butter
100 g Zucker
eine Prise Salz
½ Teelöffel Zimt
das Abgeriebene einer Zitrone
das Mark von 2 Vanilleschoten
280 g Mehl
100 g fein geriebene, geröstete Haselnüsse
Zucker zum Übersieben

Zubereitung:

Die zimmerwarme Butter in eine Schüssel geben und mit der Küchenmaschine glattrühren. Zucker, Salz, Zimt, Zitrone und das Mark der Vanilleschoten darunterrühren. Mit dem Mehl und den geriebenen Haselnüssen zu einem glatten Teig kneten. 2 – 3 Stunden in den Kühlschrank stellen.
Den gekühlten Teig nochmals kurz durchkneten und zu einem Strang rollen. Ca. 10 g schwere Stücke abschneiden und Hörnchen daraus formen. Goldgelb im Ofen backen.
Noch im heißen Zustand mit Staubzucker übersieben oder mit normalem Zucker überstreuen. Wird dem Staubzucker etwas Vanillezucker, dem Grießzucker etwas Zimt beigegeben, verstärkt sich das Aroma. Beide Zuckersorten gemischt, mit Zimt und Vanille über die heißen Hörnchen – das ist die Krönung aller Vanillekipferln!

Ergibt ca. 70 Stück

Backzeit: Elektroherd 190 Grad, 8 Minuten
Gasherd Stufe 2 – 3, 8 Minuten
Umluftherd 175 Grad, 7 Minuten

Ingwerherzen

Zutaten:

300 g Buttermürbeteig (Grundrezept, S. 11)
60 g kandierter Ingwer
1 verquirltes Ei

Für die Füllung (Pralinencreme):

30 ml flüssige Sahne
60 g dunkle Kuvertüre
20 ml Arrak

Dunkle Kuvertüre zum Tauchen

Zubereitung:

Kandierten Ingwer fein hacken und mit etwas Mehl unter den Buttermürbeteig kneten. 1 Stunde in den Kühlschrank stellen. Den Teig dünn ausrollen, Herzen ausstechen ca. 4,5 cm ⌀ und auf das Backblech legen. Mit einem verquirlten Ei bestreichen und 15 Minuten stehen lassen. Nach dieser Zeit ist die Oberfläche abgetrocknet und beim Backen entsteht ein schönes Muster.
In der Zwischenzeit die flüssige Sahne zum Kochen bringen, vom Feuer nehmen und die gehackte, dunkle Kuvertüre unterrühren. Gut auflösen und abkühlen lassen. Den Arrak in die kalte Kuvertüre geben.
Die Hälfte der goldgelb gebackenen und ausgekühlten Herzen halb in aufgelöste Kuvertüre tauchen. Mit einem Spritzbeutel die Pralinencreme aufspritzen und die Oberseite mit der Kuvertüre darauflegen.

Ergibt ca. 30 Stück

Backzeit: Elektroherd 190 Grad, 7 Minuten
Gasherd Stufe 2 – 3, 7 Minuten
Umluftherd 175 Grad, 6 Minuten

Marzipanrauten

Zutaten:

300 g Buttermürbeteig (Grundrezept, S. 11)
40 g geriebene, geröstete Haselnüsse
1 gehäufter Teelöffel Zimt

Für die Füllung:

100 g Marzipanrohmasse
30 g Butter
40 ml Rum

Vollmilch-Kuvertüre zum Tauchen
20 g gehobelte, geröstete Haselnüsse

Zubereitung:

Buttermürbeteig mit den Haselnüssen und dem Zimt zusammenarbeiten, kühl stellen (ca. 1 Stunde).
Den gut durchgekühlten Teig sehr dünn ausrollen und Rauten ⌀ 4½ cm oder eine andere Form in gleicher Größe ausstechen. Auf ein Backblech legen und goldgelb backen.
Marzipanrohmasse mit der zimmertemperierten Butter und dem Rum auf langsamster Stufe des Rührgerätes glattrühren. Mit einem Spritzbeutel Lochtülle Nr. 4 jeweils 3 Teigrauten zusammensetzen. Diese in die aufgelöste Vollmilch-Kuvertüre tauchen und mit den gerösteten, gehobelten Haselnüssen verzieren.
Ein zusätzlicher Arbeitsaufwand, der sich jedoch lohnt:
Die zusammengesetzten Rauten zuerst in heiße Orangenkonfitüre und erst nach dem Abkühlen in Vollmilch-Kuvertüre tauchen.

Ergibt ca. 50 Stück

Backzeit: Elektroherd 190 Grad, 7 Minuten
Gasherd Stufe 2 – 3, 7 Minuten
Umluftherd 175 Grad, 5 – 6 Minuten

Rosenherzchen

Zutaten:

650 g Buttermürbeteig (Grundrezept, S. 11)

Füllung:

200 g Hagebuttenmarmelade

Glasur:

150 g Himbeermarmelade oder Johannisbeergelee
140 g Staubzucker

Zubereitung:

Buttermürbeteig dünn ausrollen und Herzen ausstechen Ø 4½ cm. Auf das Backblech legen und goldgelb backen. Mit der Hagebuttenmarmelade zwei Herzen zusammensetzen.
Johannisbeergelee unter ständigem Rühren aufkochen. Das Oberteil der zusammengesetzten Herzen vorsichtig in das heiße Gelee tauchen oder mit einem Pinsel bestreichen.
Staubzucker mit soviel Wasser anrühren, bis eine dickflüssige Glasur entsteht.
Mit dem Pinsel dünn auftragen.
Die Glasur ist nach ca. 20 Minuten abgetrocknet und mit der Verzierung kann begonnen werden.
Kandierte Rosenblätter, bunte Zuckerblümchen oder Zuckerstreusel, Silber- oder Goldperlen, alles kann nach Herzenslust verwendet werden.

Ergibt ca. 45 Stück

Backzeit: Elektroherd 190 Grad, 8 Minuten
Gasherd Stufe 2 – 3, 8 Minuten
Umluftherd 175 Grad, 7 Minuten

Orangentaler

Zutaten:

250 g Buttermürbeteig (Grundrezept, S. 11)
12 g Kakaopulver

Für die Füllung (Pralinencreme):

40 ml flüssige Sahne
80 g weiße Kuvertüre
30 ml Cointreau

Für die Garnierung:

ganze Mandeln
dunkle Kuvertüre
1 verquirltes Eigelb zum Bestreichen

Zubereitung:

Buttermürbeteig mit dem Kakaopulver gut durchkneten. Ausrollen, mit einem glatten runden Ausstecher, ⌀ 3 cm, ausstechen und auf das Backblech legen. Die Hälfte der Teigteile mit einem verquirlten Ei bestreichen, gut abtrocknen lassen und zart ausbacken.
In einer Kasserolle die flüssige Sahne aufkochen und vom Feuer nehmen. Die fein geschnittene weiße Kuvertüre darin auflösen. Nach dem Erkalten mit dem Schneebesen unter Zugabe des Cointreau gut schaumig rühren. Anstelle des Cointreau kann Grand Marnier oder Orangenschnaps verwendet werden.
Mit einem Spritzbeutel, Lochtülle oder Sterntülle, auf die Unterteile ¾ der Trüffelcreme verteilen. Das mit Eigelb bestrichene, beim Backen schön gerissene Oberteil aufsetzen. Ein kleiner Tupfen Pralinencreme, eine braune Mandel mit Kuvertüre überspritzt, dienen als Verzierung.

Ergibt ca. 40 – 45 Stück

Backzeit: Elektroherd 190 Grad, 7 Minuten
Gasherd Stufe 2 – 3, 7 Minuten
Umluftherd 175 Grad, 6 Minuten

Nürnberger Butterzeug

Zutaten:

Buttermürbeteig (Grundrezept, S. 11)

Für die Garnierung:

Zuckerglasur
Schokoladenglasur
Zucker- und Schokoladenstreusel
Mandeln, Nüsse, Kirschen

Zimtzucker: 150 g Zucker
½ Teelöffel Zimt

Zubereitung:

Alle Ausstecher finden ihre Verwendung: große oder kleine lustige Figuren, ausgestochen aus sehr dünn oder dick ausgerolltem Teig.
Besonders beliebt sind ganz kleine Figuren, von den Kindern selbst ausgestochen, für den Kaufladen.
Die Ausstecher auf einem Backblech goldgelb backen. Mit Zucker- oder Schokoladenglasur bestreichen und mit bunten Zucker- oder Schokoladenstreuseln bestreuen. Mit Mandeln, Nüssen oder Kirschen verziert, finden die Plätzchen großen Anklang.
Das klassische Nürnberger oder Fränkische Butterzeug wird nicht zu dünn, ca. 4 mm, ausgerollt und goldgelb gebacken. Noch im heißen Zustand mit einem kräftigen Zimtzucker überstreuen.
Der Satz – auf der Zunge soll er schmelzen, mürbe, zart und knusprig soll er sein – trifft hier voll zu!
Eine Mengenangabe ist schwierig. Zu empfehlen ist, dieses Weihnachtsgebäck als letztes der Sorte Buttermürbeteig zu machen. Nach der Vorplanung einer Etwamenge kann der Restteig aufgearbeitet werden.

Backzeit: Elektroherd 190 Grad,
6 – 8 Minuten je nach Größe
Gasherd Stufe 2 – 3,
6 – 8 Minuten je nach Größe
Umluftherd 175 Grad,
5 – 8 Minuten je nach Größe

Himbeer-Mandelringe

Zutaten:

250 g Buttermürbeteig (Grundrezept, S. 11)
1 verquirltes Ei
40 g gestiftelte Mandeln

Zum Zusammensetzen:

90 g Himbeermarmelade

Zubereitung:

Buttermürbeteig dünn ausrollen und mit einem gezackten Ausstecher ⌀ 3½ – 4 cm ausstechen.
In die Hälfte der Plätzchen ein Loch von 1½ – 2 cm stechen. Diese Ringe mit einem verquirlten Ei bestreichen und sofort in gestiftelte Mandeln drücken oder diese aufstreuen. Die Oberteile extra auf ein Backblech legen. Deren Backzeit muß etwas länger sein, damit die Mandeln knusprig werden.
Nach dem Backen mit Himbeermarmelade zusammensetzen.
Als Füllung eignen sich außerdem sehr gut:
Aprikosenmarmelade, mit Rum abgeschmeckt
Johannisbeergelee rot oder schwarz
Brombeergelee oder Quittenmarmelade

Die Form der Plätzchen kann beliebig geändert werden.

Ergibt ca. 25 Stück

Backzeit: Elektroherd 190 Grad, 8 Minuten
Gasherd Stufe 2 – 3, 8 Minuten
Umluftherd 175 Grad, 7 Minuten

Quittenglöckle

Zutaten:

320 g Marzipanrohmasse
80 g Staubzucker
1 Eiweiß
2 gehäufte Teelöffel Kakao
2 gehäufte Teelöffel Zimt
40 g fein gewürfeltes Orangeat

Für die Garnitur:

1 verquirltes Ei
bunte Zuckerstreusel

Für die Füllung:

90 g Quitten- oder Orangenmarmelade

Zubereitung:

Alle Zutaten mit dem Knethaken der Küchenmaschine mischen und zu einem glatten Teig verarbeiten. Einige Stunden abgedeckt in den Kühlschrank stellen. Den Teig dünn ausrollen, mit der Gabel Längsstreifen ziehen oder mit einer kleinen Sterntülle, die leicht in den Teig gedrückt wird, Ornamente anbringen. Glocken ausstechen, mit einem verquirlten Ei bestreichen und bunte Zuckerstreusel aufstreuen. Nach dem Abkühlen zwei Teile mit Quitten- oder Orangenmarmelade zusammensetzen. Anstelle der Glockenform kann jeder beliebige Ausstecher verwendet werden. Dieser Teig ist in seiner Rezeptur etwas eigenartig, aber köstlich im Geschmack.

Ergibt ca. 26 Stück

Backzeit: Elektroherd 190 Grad, 8 Minuten
Gasherd Stufe 2 – 3, 8 Minuten
Umluftherd 175 Grad, 7 Minuten

Zimtblätter

Zutaten:

150 g Butter
1 Eigelb
70 g Staubzucker
20 g Marzipanrohmasse
das Mark einer Vanilleschote
160 g Mehl
160 g geriebene Mandeln
3 gehäufte Teelöffel Zimt

Für die Garnitur:

1 verquirltes Ei
Zucker zum Bestreuen
dunkle flüssige Kuvertüre zum Überspritzen

Für die Füllung:

40 ml flüssige Sahne
80 g dunkle Kuvertüre

Zubereitung:

Butter, Eigelb, Staubzucker, Marzipan und das Mark einer Vanilleschote in eine Schüssel geben, mit der Küchenmaschine glattrühren – nicht schaumig.
Mit dem Mehl, den geriebenen Mandeln und dem Zimt zu einem glatten Teig arbeiten und 2 – 3 Stunden kühl stellen.
Auf sehr wenig Mehl dünn ausrollen und in Blattform ausstechen, Größe 4 – 4½ cm. Problemlos können Blätter mit einem runden Ausstecher Ø 5½ cm hergestellt werden, wobei bis zur Mitte des Förmchens abgestochen wird.
Auf ein Backblech legen, mit einem verquirlten Ei bestreichen, dünn Zucker überstreuen und knusprig braun backen.
Für die Füllung flüssige Sahne aufkochen und die fein geschnittene Kuvertüre darin auflösen. Zwei Zimtblätter mit der Pralinenmasse zusammensetzen. Als Garnierung mit flüssiger Kuvertüre überspritzen.

Ergibt ca. 70 Stück

Backzeit: Elektroherd 190 Grad, 9 Minuten
Gasherd Stufe 2 – 3, 9 Minuten
Umluftherd 175 Grad, 7 Minuten

Nougatspitzen

Zutaten:

200 g Buttermürbeteig (Grundrezept, S. 11)
1 schwach gehäufter Teelöffel Zimt
1 schwach gehäufter Teelöffel Kakaopulver
15 g geriebene, geröstete Haselnüsse

Zum Aufspritzen:

250 g dunkler Nußnougat

Vollmilch-Kuvertüre zum Tauchen

Zubereitung:

Zimt und Kakaopulver sowie die gerösteten, fein geriebenen Haselnüsse unter den Buttermürbeteig kneten, eingewickelt im Kühlschrank 1 Stunde durchkühlen lassen.
Diesen Teig dünn ausrollen, rund ausstechen (Ø ca. 3 cm) und goldgelb backen.
Den zimmertemperierten dunklen Nußnougat mit der Küchenmaschine auf niedrigster Stufe etwas schaumig rühren. Durch zu starkes Rühren wird der Nougat weich und die Konturen verlaufen.
Den Nougat in einen Spritzbeutel mit Sterntülle Nr. 6 einfüllen. Auf das Unterteil spritzen, nach oben ziehen, damit eine schöne Spitze entsteht.
15 Minuten im Kühlschrank fest werden lassen und in aufgelöste Vollmilch-Kuvertüre tauchen.

Ergibt ca. 70 Stück

Backzeit: Elektroherd 190 Grad, 7 Minuten
Gasherd Stufe 2 – 3, 7 Minuten
Umluftherd 175 Grad, 6 Minuten

Aniszöpfchen

Zutaten:

250 g Buttermürbeteig (Grundrezept, S. 11)
10 g gestoßener Anis
1 verquirltes Ei

6 g Anis zum Bestreuen

Zubereitung:

Den Anis auf einem Tisch mit dem Rollholz oder in einem Mörser zerdrücken. Auf diese Weise werden ätherische Öle mit einem wunderbaren Aroma freigesetzt. Auf keinen Fall den Samen mit dem Messer zerdrücken. Den Anis unter den Buttermürbeteig kneten und kaltstellen (1 Stunde).
Den gut gekühlten Teig in 30 Portionen teilen. Aus jedem Teil drei kleine Stränge rollen und Zöpfe flechten. Geflochtene Kränzchen, Herzen oder glatt ausgestochene Kränze, ein wenig mit der Gabel verziert, oder aus einem glatten Strang geformte Buchstaben, eignen sich ebenfalls sehr gut. Der Phantasie sind bei der Formgebung keine Grenzen gesetzt.
Vor dem Backen mit einem verquirlten Ei leicht bestreichen. Etwas Anis aufstreuen und goldgelb backen.

Ergibt je nach Größe ca. 30 Stück

Backzeit: Elektroherd 200 Grad, 8 Minuten
Gasherd Stufe 2 – 3, ca. 8 Minuten
Umluftherd 175 Grad, 6 – 7 Minuten

Florentinerringe

Zutaten:

300 g Buttermürbeteig (Grundrezept, S. 11)
10 g Kakaopulver
1 verquirltes Ei

Florentinerfüllung:

35 g Butter
60 g Zucker
40 ml flüssige Sahne
25 g Bienenhonig
25 g gestiftelte Mandeln
60 g gehobelte Mandeln
20 g gehacktes Zitronat

rote Belegkirschen

Zubereitung:

Das Kakaopulver unter den Buttermürbeteig kneten, ca. 7 mm stark ausrollen und Ringe ausstechen. Außendurchmesser ca. 4½ cm, Innendurchmesser ca. 2 – 2½ cm.
Nach dem Auflegen auf das Backblech mit einem verquirlten Ei bestreichen.
In eine kleine Kasserolle Butter, Zucker, flüssige Sahne sowie Bienenhonig geben und aufkochen. Die gestiftelten und gehobelten Mandeln mit dem gehackten Zitronat unterziehen, leicht abrösten, bis sich die Masse vom Kesselrand löst.
Die Florentinermasse mit einem nassen Kaffeelöffel in die Mitte der Ringe locker verteilen. Die Backzeit richtet sich nach der goldgelben Farbe der Florentinermasse.
Als Verzierung ein kleines Stück rote Belegkirsche auf den noch warmen Florentinerring legen.
Mit der selben Florentinermasse können Florentiner hergestellt werden.

Ergibt ca. 32 Stück

Backzeit: Elektroherd 190 Grad, 7 – 8 Minuten
Gasherd Stufe 2 – 3, 7 – 8 Minuten
Umlufttherd 175 Grad, 6 – 7 Minuten

Sandgebäck

Es gibt mehrere plausible Gründe für die besondere Beliebtheit des Sandgebäcks.
Zum einen ist es die vielfältige Form, die man aus dem Spritzbeutel heraus gestalten kann (Spritzgebäck gehört zur Gruppe der Sandmassen).
Zum anderen ist es der typische und unverwechselbare Geschmack und nicht zuletzt die bemerkenswerte Konsistenz, die den Genießer schwärmen läßt: Zartheit, Luftigkeit und Mürbheit verbinden sich ideal mit dem echten und deutlich spürbaren Buttergeschmack.
Die Zutaten bestehen aus Butter, Zucker, Eigelb, Zitrone, Salz, Vanille und Mehl.

Die Zubereitung:
Die zimmerwarme, etwas weiche Butter wird mit dem Zucker gut schaumig gerührt. Nach und nach fügt man das Eigelb hinzu. Je schaumiger man die Masse aufschlägt, um so zarter wird letztlich das Gebäck.
Sobald Salz, die abgeriebene Zitrone und das Mark der Vanilleschote beigegeben sind, hebt man mit einem Kochlöffel das Mehl unter die bereits vorhandene Masse.

Der Trick:
Das Einrühren mit dem Schneebesen sollte man tunlichst vermeiden. Dies kann nämlich zu einer zähen Masse und unsauberen Konturen führen und meistens wird auch das Gebäck sehr schwer.
Die Variationsmöglichkeiten beim Spritzgebäck sind sehr groß.
Bei meinem Grundrezept können bis zu 10 % des Mehlanteils durch geriebene Nüsse und etwas Zimt oder geriebene Mandeln mit Kakaopulver bereichert werden.
Die klassisch einfache, aber vielleicht gerade deshalb besonders wirkungsvolle Variante von Spritzgebäck ist, die Grundmasse nach Belieben als Kringel, Rosette oder Tupfer aufzuspritzen und dann mit dunkler Kuvertüre abzusetzen.

Der restliche Backvorgang ist schließlich sehr einfach: Im vorgeheizten Ofen bäckt man bei 190 Grad bis zum Erreichen einer goldgelben bis zartbraunen Tönung.

Zur Erinnerung:
Alle Gebäckarten, die man ausrollt, bezeichnet man als Teige – alle Gebäckarten, die man rührt, auf- oder schaumig schlägt, bezeichnet man als Massen.

Makronengebäck

Mandeln, Zucker und Eiweiß oder Eigelb sind die Hauptzutaten. In der Konditorei-Herstellung unterliegt das Makronengebäck lebensmittelgesetzlichen Bestimmungen und es dürfen nur die oben angeführten Zutaten verwendet werden. In keinem Fall sind Zusätze von Stärkepuder oder irgendwelchen Bindemitteln statthaft.
Makronenmasse mit Eiweiß findet als Makronenaufsätze, als Mandelberge bei Kalten Büffets oder als Schaufensterdekoration Verwendung.
Eigelb- oder Schokoladenmakronen verwendet man vor allem als Tee- oder Weihnachtsgebäck.
Schon in früheren Zeiten rieb man Mandeln fein, walzte sie und röstete sie mit Zucker ab. So entstand die ursprüngliche Marzipanrohmasse, deren man sich auch heute noch bedient.
Um eine schöne, auffällige Farbe und besonders saftige Makronen zu erhalten, tauscht man das Eiweiß gegen Eigelb aus – davon kommt auch die Bezeichnung Eigelbmakrone.

Der Trick:
Man verwendet groben Zucker (normalen Backzucker), um ein schönes, typisches Reißen der Makronenoberfläche zu erreichen. Eine noch stärkere Wirkung erzielt man durch das Besprühen des Backgutes mit Wasser und Aufstreuen von Zucker.

Die Herstellung:
Marzipanrohmasse mit Zucker und Eigelb glattrühren, Vanille und Zitrone hinzugeben und das Ganze auf das Backblech spritzen. Makronen backt man sehr zart (kurz) und nur mit leichter Bräunung bei 190 Grad. Dadurch bleiben sie besonders saftig und feucht.

Schaummasse

Schaum-, Wind- oder Baisermasse sind zwar unterschiedliche Namen, werden aber allesamt aus Eiweiß und Zucker hergestellt.
Nur verschiedene Herstellungsweisen führen zu diesen Bezeichnungen. Man unterscheidet zwischen kalter und warmer, leichter und schwerer Baisermasse.
Bei der warmen – auch Windmasse oder Italienische Masse genannt – wird der Zucker stark eingekocht und in einem dünnen Strahl in das zu schlagende Eiweiß gegeben.
Die leichtere oder schwere Masse bezieht sich auf die Menge des Zuckers im Verhältnis zum Eiweiß.
Das heißt: ⅓ Eiweiß und ⅔ Zucker = leichte Masse; ¼ Eiweiß und ¾ Zucker = schwere Masse.
Die *Kalte Schaummasse* ist die geläufigste und am meisten hergestellte Variante:
Hier wird das Eiweiß mit einem Drittel des Zuckers steif geschlagen, das zweite Drittel nach und nach zugegeben, der Rest dann mit einem Kochlöffel untergehoben.

Der Trick:
Alle zum Einsatz kommenden Geräteteile müssen *völlig fettfrei* sein und das Eiweiß darf nicht die geringste Spur von Eigelb enthalten. Will man Schokoladen-Baisermasse herstellen, so wird Kakaopulver mit dem restlichen Zucker gemischt und unter das Eiweiß gehoben.
Eierzucker gehört zu den typischen Weihnachtsgebäcken und ist bei der Schaummasse einzuordnen. Früher backte man aus Schaummasse beispielsweise für die Knaben blaubemalte Reiter und für die Mädchen rotbemalte Puppen als Spielzeugersatz.
Wichtig zu wissen ist, daß Schaummasse *nicht* gebacken, sondern nur langsam getrocknet wird. Dazu heizt man den Backofen auf etwa 80 – 90 Grad auf, schaltet ihn dann ab und läßt die aufgespritzten Formen mehrere Stunden, je nach Größe eventuell auch über Nacht trocknen.
Die Zutaten für das Grundrezept bestehen aus dem Eiweiß von 17 Eiern und 1000 g Backzucker.

Herrenschleckerle

Zutaten:

300 g Marzipanrohmasse
70 g Staubzucker
6 Eigelb
das Mark einer Vanilleschote
30 g Kakaopulver

Pralinencreme:

60 ml flüssige Sahne
120 g dunkle Kuvertüre
40 ml Rum, Whisky oder Cognac

Zum Rollen:

50 g Kakaopulver
50 g Staubzucker

Zubereitung:

Marzipanrohmasse, Staubzucker, Eigelb, das Mark der Vanilleschote und das Kakaopulver mit der Küchenmaschine glattrühren.
Mit dem Spritzbeutel mit Lochtülle kleine Kugeln auf ein Blech spritzen und sehr zart backen.
Nach dem Auskühlen jeweils zwei Teile mit Pralinencreme zusammensetzen. Hierzu die flüssige Sahne in einer Kasserolle aufkochen und die fein gehackte dunkle Kuvertüre darin auflösen. Nach dem Abkühlen mit Whisky, Rum oder Cognac abschmecken. Die Creme muß durch den Alkohol einen leicht scharfen Geschmack haben, da das Kakaopulver in der Makrone viel Aroma wegnimmt.
Bevor die Creme beginnt fest zu werden, etwas glattrühren und zwei Kugeln damit zusammensetzen. Jede Kugel in flüssige dunkle Kuvertüre tauchen und sofort im Kakaopulver wälzen. Hierzu wird Staubzucker und Kakaopulver vermischt.
In reinem Staubzucker oder Schokoladenstreuseln gerollte Kugeln sehen besonders schön aus.

Ergibt ca. 50 Stück

Backzeit: Elektroherd 190 Grad, 6 Minuten
Gasherd Stufe 2 – 3, 6 Minuten
Umluftherd 175 Grad, 5 Minuten

Mohnblumen

Zutaten:

150 g Butter
60 g Staubzucker
1 Eigelb
das Abgeriebene einer Zitrone
das Mark einer Vanilleschote
170 g Mehl
25 g gemahlener Mohn

Zum Zusammensetzen:

100 g dunkler Nußnougat

Dunkle Kuvertüre zum Tauchen
Mohn für die Garnierung

Zubereitung:

Zimmerwarme bis weiche Butter mit dem Staubzucker gut schaumig rühren, Eigelb, Zitronenschale, Vanille zugeben.
Ist die Masse schaumig, das Mehl und den Mohn im langsamsten Gang kurz mit der Küchenmaschine unterrühren.
Wird die Buttermasse mit dem Mehl zu lange gerührt, wird sie zäh, was sich nachteilig beim Aufspritzen und Backen auswirkt. In einen Spritzbeutel mit Sterntülle Nr. 5 füllen und kleine Tupfen bzw. Sterne auf das Blech spritzen.
Beim Backen ist darauf zu achten, daß nur die Spitzen eine schöne goldgelbe Farbe bekommen.
Nach dem Abkühlen mit dem glattgerührten Nougat zusammensetzen. Die Blumen auf eine etwas gebogene Gabel geben und in die flüssige Kuvertüre tauchen.
Einen kleinen Tupfen Nougat in die Mitte der Blume geben und gemahlenen Mohn darauf streuen.

Ergibt ca. 50 Stück

Backzeit: Elektroherd 190 Grad, 6 – 7 Minuten
Gasherd Stufe 2 – 3, 6 – 7 Minuten
Umluftherd 175 Grad, 5 – 6 Minuten

Mokkaböhnchen

Zutaten:

150 g Butter
60 g Staubzucker
1 Eigelb
das Abgeriebene einer Zitrone
20 g Kakaopulver
½ Teelöffel Zimt
170 g Mehl

Zum Zusammensetzen:

30 ml flüssige Sahne
10 g Nescafé
60 g dunkle Kuvertüre
20 ml Rum

Weiße Kuvertüre zum Tauchen
Mokkabohnen zum Verzieren

Zubereitung:

Butter, Staubzucker, Eigelb und die Zitronenschale mit dem Schneebesen schaumig schlagen. Kakaopulver, Zimt und Mehl vermengen und mit dem Kochlöffel locker unterziehen.
Mit einem Spritzbeutel Lochtülle Nr. 6 kleine Bohnen auf das Backblech spritzen.
Die flüssige Sahne mit dem Nescafé aufkochen und die fein geschnittene dunkle Kuvertüre darin auflösen. Vor dem völligen Erkalten den Rum darunterrühren.
Die Masse in den Spritzbeutel füllen und zwei Bohnen damit zusammensetzen.
Weiße Kuvertüre auflösen, die Bohnen auf eine Gabel setzen und damit eintauchen. Als Garnierung eine kleine Mokkabohne oben aufsetzen.

Ergibt ca. 45 – 50 Stück

Backzeit: Elektroherd 190 Grad, 7 Minuten
Gasherd Stufe 2 – 3, 7 Minuten
Umluftherd 175 Grad, 6 Minuten

Nußpfötchen

Zutaten:

150 g Butter
60 g Staubzucker
1 Eigelb
das Abgeriebene einer Zitrone
das Mark einer Vanilleschote
170 g Mehl
1½ Teelöffel Zimt
geriebene Haselnüsse zum Rollen

Zum Zusammensetzen:

90 g Haselnußnougat

Vollmilch-Kuvertüre zum Tauchen

Zubereitung:

Zimmerwarme bis weiche Butter mit dem Staubzucker gut schaumig rühren. Eigelb, Zitronenschale, Vanille zugeben. Ist die Masse schaumig, im langsamsten Gang mit der Küchenmaschine das Mehl und den Zimt kurz unterrühren.
Die Masse in einen Spritzbeutel mit Lochtülle Nr. 6 füllen. Fein geriebene Haselnüsse auf einem Teller verteilen und kleine Stengel darauf spritzen. Mit einer Gabel vorsichtig rollen, bis die Masse ganz mit Nüssen umgeben ist.
Auf ein Backblech legen und goldgelb backen.
Nach dem Erkalten mit dem glattgerührten Nougat füllen und zusammensetzen. In aufgelöste Vollmilch-Kuvertüre schräg eintauchen.

Ergibt ca. 45 – 50 Stück

Backzeit: Elektroherd 190 Grad, 7 – 8 Minuten
Gasherd Stufe 2 – 3, 7 – 8 Minuten
Umluftherd 175 Grad, 6 – 7 Minuten

Weihnachtstorte

Tortenboden, leichte Sandmasse:

380 g Butter, 380 g Zucker
7 Eier, 1 Prise Salz
das Mark einer halben Vanilleschote
Saft einer halben Zitrone
10 g Backpulver, 300 g Mehl
100 g Stärkepuder
30 g geriebene Haselnüsse
2 Teel. Zimt, 1 Teel. Kakaopulver

Für die Füllung (Buttercreme):

350 g Butter
das Mark von einer Vanilleschote
80 g Staubzucker, 2 Eier, 1 Eigelb

Tränke:

150 ml Wasser, 30 g Zucker
100 ml Marc de Champagne

Für die Garnitur:

dunkle Kuvertüre, ca. 150 g Marzipan
80 g Staubzucker, Silberperlen

Zubereitung:

Zimmerwarme Butter und Zucker mit dem Schneebesen schaumig schlagen. Nach und nach die Eier, Salz, Vanille und Zitronensaft zugeben.
Ist die Masse sehr schaumig, mit dem Kochlöffel das mit Backpulver vermischte Mehl, Stärkepuder, Nüsse, Zimt und Kakaopulver darunterheben.
In den Tortenring oder Form (Ø 26 cm) füllen und bei 180 Grad (Gasherd, Stufe 2 – 3) auf der mittleren Schiene ca. 35 Minuten backen.
Beim Betasten der Oberfläche muß der Boden leicht federn.
Es ist zu empfehlen, den Tortenboden einen Tag vorher zu backen.
Für die Buttercreme die zimmerwarme Butter und das Mark der Vanilleschote in die Schüssel der Rührmaschine geben und schaumig schlagen. Staubzucker, Eier und Eigelb langsam abwechselnd dazugeben, alles zusammen gut schaumig schlagen.
Jede Torte wird während des Füllens mit verdünntem Alkohol getränkt, daher der Name Tränke. Hierfür Zucker und Wasser kurz aufkochen, abkühlen lassen und den Alkohol darunterrühren. Den Tortenboden in 3 gleichmäßige Teile waagerecht durchschneiden.
Unterseite auf die Tortenplatte legen und mit ¼ der Tränke mit einem Pinsel betupfen. Dünn Buttercreme aufstreichen und das zweite Teil auflegen. Mit der Hälfte der übrigen Tränke betupfen, wiederum dünn Creme aufstreichen. Den dritten Boden darüberlegen und mit der restlichen Tränke befeuchten. Mit Creme ganz dünn zwei Mal einstreichen und kühl stellen.
Nun die Kuvertüre auflösen. Die Torte auf ein Kuchengitter geben, lauwarme Kuvertüre darübergießen und mit dem Messer glattstreichen. Vom Kuchengitter nehmen und auf die Tortenplatte setzen. Leicht mit Kakaopulver überpudern.
Marzipan mit Staubzucker vermischen und gut durchkneten. Dünn ausrollen, einen Stern ausschneiden oder ausstechen. Diesen ganz leicht mit Wasser bestreichen, mit Zucker bestreuen und vorsichtig auf die Torte schieben. Zusätzlich kann der Rand mit Eiweiß-Spritzglasur verziert werden oder es können Silberperlen aufgelegt werden.
Etwas einfacher aber genauso wirkungsvoll ist es, kleine Sterne auszustechen und zu zuckern. Diese entweder am äußeren Rand entlang legen oder locker als Sternenhimmel über die Torte verteilen.

Backzeit: Elektroherd 180 Grad, 35 Minuten
Gasherd Stufe 2 – 3, 35 Minuten
Umluftherd 175 Grad, 25 – 30 Minuten

Johannisbeermakronen

Zutaten:

300 g Marzipanrohmasse
60 g Staubzucker
4 Eigelb
das Abgeriebene einer Zitrone

Zum Füllen:

120 g Johannisbeergelee

Zucker zum Überstreuen

Zubereitung:

Marzipanrohmasse mit dem Staubzucker, den Eigelben und der Zitrone in der Küchenmaschine glattrühren.
Aus der Masse mit einem Spritzbeutel mit glatter Lochtülle Nr. 7 nicht zu kleine Kugeln auf ein Backblech spritzen. Mit Wasser benetzen und mit Zucker leicht überstreuen. Mit einem Löffel oder dem nassen Stielende eines Kochlöffels kleine Vertiefungen in die Mitte der Makronen drücken.
Sehr zart und goldgelb ausbacken.
Die Vertiefungen können im heißen Zustand nachgedrückt werden, dadurch wird die einzufüllende Menge des Johannisbeergelees größer und die Makrone noch saftiger.
Johannisbeergelee ohne Zusatz von Wasser kurz erhitzen und mit einem Löffel in die Vertiefung einfüllen. Durch das Erhitzen wird das Gelee nach dem Abkühlen wieder fest und das ganze Aroma zieht in die Makrone.
Sehr gut eignet sich auch Schwarzes Johannisbeergelee.

Ergibt ca. 65 Stück

Backzeit: Elektroherd 190 Grad, 7 Minuten
Gasherd Stufe 2 – 3, 7 Minuten
Umluftherd 175 Grad, 6 Minuten

Schokoladenmakronen

Zutaten:

150 g Marzipanrohmasse
35 g Staubzucker
3 Eigelb
das Mark einer Vanilleschote
15 g Kakaopulver

Zucker zum Überstreuen
halbierte Mandeln zum Verzieren

Zum Tauchen:

aufgelöste dunkle Kuvertüre

Zubereitung:

Marzipanrohmasse mit dem Staubzucker, Eigelb, dem Mark der Vanilleschote und dem Kakaopulver mit der Küchenmaschine glattrühren.
In einen Spritzbeutel mit größerer Sterntülle füllen und Rosetten oder eine andere beliebige Form auf ein mit Backtrennpapier belegtes Blech spritzen.
Vor dem Backen dünn mit Zucker überstreuen und eine abgezogene, halbierte Mandel schräg eindrücken.
Sehr zart, in einem nicht zu heißen Ofen, ausbacken.
Nach dem Abkühlen die Makronen schräg oder nur den Boden in dunkle Kuvertüre tauchen. Weiße oder Vollmilch-Kuvertüre kann ebenso verwendet werden. Durch einen Kuvertürefuß bleibt die Makrone sehr lange weich.
Anstelle der aufgelegten Mandel kann eine Haselnuß, Walnuß oder halbe Pistazie verwendet werden.

Ergibt ca. 30 – 35 Stück, je nach Größe

Backzeit: Elektroherd 180 Grad, 7 Minuten
Gasherd Stufe 2 – 3, 7 Minuten
Umluftherd 175 Grad, 6 Minuten

Nelkenbusserl

Zutaten:

150 g Zucker
120 g geriebene Mandeln
2 Eiweiß
1 Teelöffel Zimt
2 Teelöffel Nelkenpulver
2 Teelöffel Rum
250 g Buttermürbeteig (Grundrezept, S. 11)

Für die Garnitur:

ganze Nelken

Zubereitung:

In eine Kasserolle den Zucker, die geriebenen Mandeln und das Eiweiß geben und die Masse auf ca. 50 Grad erhitzen.
Zimt und Nelkenpulver mit dem Rum anrühren und unter die bereits leicht abgekühlte Masse geben.
Nach dem völligen Abkühlen mit dem zimmerwarmen Buttermürbeteig verkneten.
Mit einem Teelöffel kleine Häufchen auf das mit Backtrennpapier belegte Backblech setzen, eine ganze Nelke als Garnierung obenauf stecken.
Bei 200 Grad im Ofen nur solange backen, bis an den Spitzen kleine Farbschattierungen entstehen.

Ergibt ca. 65 Stück

Backzeit: Elektroherd 200 Grad, 7 – 8 Minuten
Gasherd Stufe 2 – 3, 7 – 8 Minuten
Umluftherd 175 Grad, 6 – 7 Minuten

Kirschkugeln

Zutaten:

150 g Marzipanrohmasse
35 g Staubzucker
1 Eigelb
30 g geriebene Mandeln

Zum Füllen:

30 Amarenakirschen (im Feinkosthandel erhältlich)

50 g gehobelte Mandeln zum Rollen

Zubereitung:

Mit dem Knethaken der Küchenmaschine Marzipan, Staubzucker, Eigelb und die geriebenen Mandeln glattarbeiten.
Ca. 4 mm stark mit wenig Mehl ausrollen und mit einem glatten Ausstecher (Ø 4 cm) ausstechen.
Eine Amarenakirsche in die Mitte legen und in den Teig einschlagen. In der Hand schöne runde Kugeln rollen.
Auf ein nasses Küchentuch legen, nochmals durchrollen, bis alle Kugeln leicht feucht sind. Vorsichtig in den gehobelten Mandeln wälzen und diese etwas andrücken. Backen, bis die gehobelten Mandeln goldgelb sind.

Ergibt 30 Stück

Backzeit: Elektroherd 190 Grad, 8 – 9 Minuten
Gasherd Stufe 2 – 3, 8 – 9 Minuten
Umluftherd 175 Grad, 7 Minuten

Pfeffernüsse

Zutaten:

2 Eier
100 g feiner Zucker
100 g Staubzucker
200 g Mehl
6 Messerspitzen gemahlener Pfeffer

30 g Anis zum Streuen

Zubereitung:

Eier und Zucker mit dem Schneebesen schaumig rühren. Der Zucker soll sich dabei vollständig auflösen. Mit dem Mehl und dem Pfeffer zu einem glatten Teig kneten.
Ca. 2 Stunden abgedeckt in der Küche ruhen lassen. Der Teig ist sehr weich und muß vorsichtig behandelt werden. Ca. 1 cm stark ausrollen, oval ausstechen ca. 2 – 3½ cm. Die ovale Form soll der einer Nuß ähnlich sein.
Anis dünn auf Backtrennpapier streuen und die ausgestochenen Teile auflegen. Über Nacht an einem warmen Ort trocknen lassen. Ist die Küche sehr warm, können die Pfeffernüsse bereits nach 3 – 4 Stunden gebacken werden. Eine Backprobe mit 2 – 3 Stück ist zu empfehlen.

Ergibt ca. 80 Stück

Backzeit: Elektroherd 180 Grad, 7 Minuten
Gasherd Stufe 2 – 3, 7 Minuten
Umluftherd 175 Grad, 6 Minuten

Eierzucker

Zutaten:

3 Eier
300 g Zucker
300 g Mehl (Type 405)

Zubereitung:

Eier und Zucker werden mit der Küchenmaschine schaumig gerührt. Der Zucker soll sich dabei vollständig auflösen. Mit dem Mehl zu einem glatten Teig kneten. Der Teig ist sehr weich und muß abgedeckt 1 – 2 Stunden ruhen. Als Ruheplatz empfiehlt sich ein normal temperierter Raum; am besten die Küche, auf keinen Fall in den Kühlschrank. Ca. 1 cm stark ausrollen und leicht mit Mehl bestäuben. Die Oberfläche des Teiges muß glatt sein, um ungewünschte Konturen oder Risse zu vermeiden. Das Model kräftig auf den Teig drücken und mit dem Messer in die gewünschte Form schneiden. Durch verschiedene Ausstecher – rund, oval, glatt oder gezackt – kann die Form ebenfalls bestimmt werden. Bei besonders tiefen oder großen Modeln folgenden Arbeitsgang wählen: Den Teig 1 – 2 cm stark ausrollen, auf die Größe des Models zuschneiden, dieses mit Mehl stäuben und in die Modelform drücken. Vorsichtig durch Umdrehen den Teig vom Model lösen, zuschneiden oder ausstechen. An einem warmen Ort auf dem Blech über Nacht stehen lassen.
Am nächsten Tag zeigen die Konturen eine dünne, aber harte Haut. Beim Backen bleiben so die Konturen gut erhalten. Die Backtemperatur darf 180 Grad (Stufe 2) nicht überschreiten! Die Oberseite erhält beim Backen nur eine ganz zarte Bräunung, unten entsteht ein kleiner Fuß.
Durch seine vielseitige Verwendung und das hübsche Aussehen ist der Eierzucker sehr beliebt. Mit Lebensmittelfarbe bemalt, als Baumschmuck oder auch als Anhänger am Weihnachtspäckchen findet er Verwendung. Große, bunt bemalte Weihnachts- oder neutrale Motive finden als Wandschmuck oder unbemalt zum Aufessen auf dem Weihnachtsteller großen Anklang.
Eine Mengenangabe ist durch die unterschiedlichen Modeln nicht möglich.
Die Backzeit hängt von der Größe des Teigstückes ab. Der Fuß darf nur eine sehr zarte Farbe haben.

Elektroherd 180 Grad
Gasherd Stufe 2
Umluftherd 150 Grad

Schokoladen-Schäumchen

Zutaten:

7 Eiweiß
400 g Zucker
15 g Kakaopulver

Für die Füllung (Pralinencreme):

60 ml flüssige Sahne
120 g weiße Kuvertüre
30 ml Cointreau

Zubereitung:

Mit dem Rührbesen der Küchenmaschine (oder mit dem Schneebesen) das Eiweiß mit ca. ⅓ des Zuckers zu einem steifen Schnee schlagen. Nach und nach das zweite Drittel des Zuckers dazugeben. Das Kakaopulver mit dem restlichen Zucker mischen und mit einem Kochlöffel unter die Masse heben.
Mit einem Spritzbeutel Kugeln oder phantasievolle Formen auf das Backtrennpapier spritzen, in den abgeschalteten Ofen bei 80 Grad schieben und über Nacht trocknen.
Für die Füllung flüssige Sahne aufkochen, die fein geschnittene Kuvertüre darin auflösen, Cointreau zugeben und abkühlen lassen. Pralinencreme gut schaumig rühren und zwei Teile Schäumchen mit einem Spritzbeutel zusammensetzen.
Baisers, gefüllt und zusammengesetzt oder als Einzelteile, verleihen dem Weihnachtsbaum als Schmuck ein hübsches Aussehen.
Für Einzelteile einen dünnen Goldfaden als Schlinge auf das Backblech legen und darauf die Masse spritzen.
Bei gefüllten Baiserkugeln das Band mit der Füllung zusammen anbringen.
Eine ideale Geschmacksverbindung ist Schokoladenbaiser, mit Cointreaucreme gefüllt.
Vollmilch- oder dunkle Pralinencreme, kräftig abgeschmeckt, eignet sich ebenfalls.

Schneeflocken

Zutaten:

7 Eiweiß
400 g Zucker

Zur Verzierung:

bunte Zuckerstreusel
geriebene Haselnüsse
halbe Belegkirschen oder Walnüsse

Zum Zusammensetzen:

60 ml flüssige Sahne
120 g dunkle Kuvertüre

Zubereitung:

Mit dem Rührbesen der Küchenmaschine das Eiweiß mit ca. ⅓ Zucker zu einem steifen Schnee schlagen. Nach und nach das zweite Drittel des Zuckers zugeben. Mit einem Kochlöffel den Rest des Zuckers unterrühren.
Je nach Wunsch und Phantasie mit einem Spritzbeutel mit Lochtülle oder Sterntülle die Baisermasse auf Backtrennpapier aufspritzen.
Bunte Zuckerstreusel, geriebene Nüsse, eine halbe Belegkirsche oder Walnüsse als Verzierung überstreuen oder auflegen.
Der Backofen soll eine Temperatur von 90 Grad haben. Diesen abschalten und das Blech hineinschieben.
Nach 4 – 5 Stunden sind je nach Größe der aufgespritzten Teile diese abgetrocknet und lösen sich leicht vom Backtrennpapier. Wird das Blech bei ca. 80 Grad in den abgeschalteten Ofen geschoben, kann es über Nacht in diesem verbleiben.
Die flüssige Sahne in einer Kasserolle aufkochen, die Kuvertüre darin auflösen und abkühlen lassen. Mit dem Schneebesen schaumig rühren.
Zwei Teile mit einem Spritzbeutel zusammensetzen.

Früchte der Saison

Seit Jahren ist sie im Gespräch: La cuisine nouvelle oder die Neue Küche.
Von den Einen leicht verächtlich als modischer Gag apostrophiert, wird sie von den Anderen als Rettung vor der trostlosen Eintönigkeit vorgefertigter Industrieprodukte auf das Freudigste begrüßt.
Die Streitgespräche zeigen aber eines ganz deutlich: Offensichtlich hatte man längst vergessen, was zu Großmutters Zeiten Selbstverständlichkeit war – der tägliche Gang zum Händler und auf den Markt und der kompromißlose Einkauf der Erzeugnisse der Jahreszeit.
Was damals, mangels der Möglichkeit zum Einfrieren, Notwendigkeit war, ist heute für jeden Feinschmecker und Hobbykoch wieder oberstes Gebot. Man setzt Stolz und Ehrgeiz in die Aufgabe, die besten und frischesten Produkte zu verwenden und möglichst ganz auf Dosen, Tiefkühlkost und Fertigprodukte zu verzichten.
Dies gilt natürlich auch ganz besonders für das Obst und die Früchte der Jahreszeiten.
Zwar ist es heute auf Grund der schier unbegrenzten Transportmöglichkeiten fast selbstverständlich, jede Frucht aus fast jedem Teil der Erde innerhalb weniger Stunden im Angebot der Feinkostgeschäfte zu finden, aber trotzdem wird die kluge Köchin immer versuchen, ihren Speisenplan nach den Gegebenheiten der Saison zu erstellen.
Nach diesem Prinzip verfahren wir auch bei der Auswahl der Früchte, die wir für unsere Weihnachtsbäckerei verwenden.
Teilen wir das uns interessierende Angebot also in heimische Erzeugnisse und Produkte aus Übersee – die sogenannten Exoten – ein:

Der Apfel
Er ist mit Sicherheit eine der ältesten Früchte unserer Erde und sein Weg läßt sich gar bis ins Paradies zu Adam und Eva zurückverfolgen. Man sagt, daß die ersten Apfelbäume überhaupt in der Gegend zwischen Schwarzem und Kaspischem Meer gepflanzt wurden und sich von dort über den ganzen Globus verbreiteten. So kannten auch schon die Pharaonen diese Frucht, die Römer übernahmen sie, wie so viele Dinge, von den Griechen. Auch bei uns gibt es Hinweise, daß der Apfel seit über 5000 Jahren in Deutschland heimisch ist. Unter den über 20 000 verschiedenen bekannten Sorten empfehlen wir zum Backen besonders den Boskop, Golden Delicious und Cox Orange. Aber wahrscheinlich finden Sie in dem überreichen Angebot einen Apfel, der Ihrer Vorstellung und Individualität entspricht und immer Ihre persönliche Note erkennen läßt.

Die Birne
Nicht ganz so verbreitet und von verwirrender Sortenvielfalt wie der Apfel ist die Birne. Aber auch hier gibt es weltweit immer noch etwa 1 800 Sorten, davon allein in Deutschland 750. Wichtig zu wissen ist, daß die Birne nicht am Baum, sondern durch das richtige Lagern ausreift. Ein Hinweis für Gesundheitsbewußte: sie ist außergewöhnlich reich an Mineralstoffen und es gibt nicht Wenige, die mit dieser wohlschmekkenden Frucht auf Grund des großen Kalium-Anteils ganz gezielt Schlankheitskuren durchführen. Die Birne entzieht dem Körper Wasser, wirkt blutreinigend und baut unnötiges Körperfett ab. Nennen wir stellvertretend für viele hervorragende Sorten hier die Williams-Christ-Birne.

Weitere, sehr aromatische und vitaminreiche exotische Früchte sind u. a.: *Avocado, Banane, Kiwi, Mango, Papaya und Passionsfrucht.*

Feigen
Feigen kommen frisch vor allem aus Kleinasien, wo sie auch heute noch ein charakteristisches Volksnahrungsmittel sind. Dazu trägt sicher auch die Tatsache bei, daß ein Feigenbaum rund 45 Jahre lang dreimal jährlich seine süßen, wohlschmeckenden Früchte trägt.
Frische Feigen werden heute nicht nur als Beigabe zu Vorspeisen oder Desserts verwendet, sondern man belegt auch Kuchen und Torten damit.

Die Dattel

Sie ist noch ertragreicher als die Feige und gleichermaßen bei uns beliebt. Ihren eigentlichen Ursprung hat sie im Zweistromland, heute wird sie in allen tropischen Ländern der Erde angebaut.
Eine Dattelpalme bringt den reichsten Ertrag zwischen dem 50. und 100. Jahr nach der Pflanzung. Neben den frischen Produkten kommen vor allem auch getrocknete Feigen und Datteln in den Handel und beide Arten eignen sich ganz besonders zur Weiterverarbeitung in Desserts und besonderen Gebäcksorten. Wer hat sich nicht schon an mit Marzipan gefüllten Datteln erfreut!

Die Quitte

Immer wieder kommt die Quitte in den alten, sorgsam gehüteten Kochbüchern aus Großmutters Nachlaß vor. Sicher ist sie nicht jedermanns Geschmack, aber die Schar der vielen Liebhaber schwört auf diese Fruchtspezialität, die so herrlich nostalgisch und doch immer aktuell ist. Kenner unterscheiden zwischen der apfel- und birnenförmigen Quitte und achten sorgsam darauf, daß sie auf Grund ihrer starken Eigenaromaentfaltung nicht gemeinsam mit anderen Obstsorten zusammen gelagert wird.
Die besten Sorten kommen aus dem Mittelmeerbereich und werden ausschließlich in gekochtem Zustand als Mus oder Kompott weiterverarbeitet.

Die Zitrusfrüchte

In vielen weihnachtlichen Rezepten sind Zitronat und Orangeat, also kandierte Zitronen- bzw. Orangenschalen eine unumgängliche Notwendigkeit. Zur selben Familie gehören auch Mandarinen, Grapefruits und Limetten. Liebhaber hat auch die Zwergorange (Kumquat) und jemand, der es sehr genau nimmt, wird darauf bestehen, daß die Pampelmuse eine durchaus eigenständige Frucht ist und nicht mit der Grapefruit verwechselt oder gar in einen Topf geworfen werden sollte.

Die Ananas

Die Geschichte der Ananas ist gleichzeitig auch ein bißchen die Geschichte der Eroberer und Entdecker. So lernte beispielsweise Christopher Columbus diese oft „Königin der Früchte" genannte tropische Köstlichkeit auf Guadeloupe kennen und schätzen.
Heute kommt die Ananas, die um die Jahrhundertwende zur Standardzutat der großen Köche, wie beispielsweise Auguste Escoffier, gehörte und sogar bei uns in Treibhäusern gezüchtet wurde, nahezu aus allen Kontinenten der Erde auf den Tisch des Gourmets.

Trauben

Besonders bekannt sind uns die Trauben aus den Sagen und Mythen der griechischen Götterwelt. Heute gibt es Trauben in nahezu allen Kulturländern der Erde. Neben der Hauptzielsetzung, nämlich Weine zu gewinnen, ist die Traube in ihrer Vielfältigkeit, was Formen, Farben und Geschmacksnuancen betrifft, ein sehr beliebtes Tafelobst.
Die getrockneten Früchte, als Sultaninen, Korinthen und Rosinen im Handel erhältlich, sind aus den Backstuben überhaupt nicht mehr wegzudenken.

Die Hagebutte

Wer kennt nicht die sympathische Frucht der wildwachsenden Heckenrosen. Geerntet wird sie nach dem ersten strengen Frost nach der Reifung im Herbst. In der Medizin hatte sie als Vitaminträger schon immer einen überdurchschnittlichen Stellenwert, Köche und Konditoren haben sie sehr oft aus Geschmacksgründen in ihre Kreationen eingebaut. Da im Inneren der roten Fruchtschale viele kleine, behaarte Kerne sind, die einen extrem starken Juckreiz verursachen können, ist bei der Verarbeitung besondere Vorsicht geboten. Das ist sicher der Hauptgrund, warum man Hagebutten besonders in Form von Fruchtmark verwendet.

Nicht vergessen sollten wir auf Grund ihrer großen Bedeutung bei der Herstellung von sehr vielen, vor allem auch weihnachtlichen Backwaren:
Mandeln, Haselnüsse und Walnüsse.

Adventskuchen

Hefeteig:

140 ml Milch
20 g Hefe
1 Eigelb
1 Ei
30 ml Rum
40 g Zucker
4 g Salz
das Abgeriebene einer Zitrone
350 g Mehl
80 g Butter

Fruchtbelag:

650 g Backäpfel
65 g getrocknete Datteln
65 g getrocknete Feigen
65 g getrocknete Zwetschgen
60 g Haselnüsse
50 g gewürfeltes Zitronat
50 g Sultaninen
60 g abgezogene, gehobelte Mandeln
30 g rote Belegkirschen
50 g kandierter Ingwer

Zum Überstreichen:

200 g Butter
Zimtzucker zum Überstreuen

Zubereitung:

Milch anwärmen, Hefe darin auflösen, Eigelb, Ei, Rum, Zucker, Salz, Zitronenabrieb und Mehl in eine Schüssel geben. Mit dem Knethaken der Küchenmaschine zu einem glatten Teig arbeiten. Die aufgelöste warme Butter darunterziehen und nochmals kräftig durcharbeiten. 20 – 25 Minuten abgedeckt ruhen lassen.
Die leicht gefettete runde Form (Ø 35 cm) mit dem Hefeteig auslegen, etwas angehen lassen.
Äpfel schälen, in Schnitze schneiden und auflegen. Die getrockneten Feigen, Zwetschgen und Datteln je nach Größe halbieren oder vierteln. Belegkirschen und den kandierten Ingwer klein schneiden. Alle restlichen Früchte zusammen zu einem bunten Bild auflegen, bei 200 Grad in den vorgeheizten Ofen schieben. Nach ca. 10 Minuten mit einem Pinsel die aufgelöste Butter darübertupfen und weiterbacken. Der Hefeteig darf nur eine ganz zarte Bräunung bekommen, um ein Austrocknen der Früchte zu vermeiden.
Aus dem Ofen nehmen und sofort mit Zimtzucker überstreuen.

Backzeit: Elektroherd 200 Grad, ca. 25 – 30 Minuten
Gasherd Stufe 3, ca. 25 Minuten
Umluftherd 175 Grad, 18 – 20 Minuten

Florentiner

Zutaten:

35 g Butter
60 g Zucker
40 ml flüssige Sahne
25 g Bienenhonig
25 g geschälte, gestiftelte Mandeln
60 g geschälte, gehobelte Mandeln
20 g gehacktes Zitronat

Zum Bestreichen:

dunkle Kuvertüre

Zubereitung:

Butter, Zucker, flüssige Sahne sowie Bienenhonig in eine kleine Kasserolle geben und aufkochen. Die gestiftelten und gehobelten Mandeln mit dem gehackten Zitronat unterziehen, 20 Sekunden unter ständigem Rühren abrösten.
Die Masse etwas abkühlen lassen und mit einem nassen Teelöffel kleine Häufchen in großem Abstand auf dem Backblech verteilen. Das Blech sollte mit Backtrennpapier belegt sein.
Beim Backen laufen die Florentiner etwas breit, deshalb wird der Rand sehr dünn und knusprig.
Die goldgelbe Farbe der Florentiner bestimmt die Backzeit. Nach dem Erkalten die Unterseite dünn mit dunkler Kuvertüre bestreichen.
Florentiner und Florentinerringe können nach dem gleichen Grundrezept hergestellt werden. Beide Gebäcksorten sind trotzdem sehr unterschiedlich. Der knusprige dünne Florentiner gibt das ganze Aroma des Bienenhonigs frei, unterstrichen von der dunklen Schokolade.
Die Florentinerringe sind dagegen weich und zart.

Ergibt ca. 45 Stück

Backzeit: Elektroherd 190 Grad, 5 – 7 Minuten
Gasherd Stufe 2 – 3, 5 – 7 Minuten
Umluftherd 175 Grad, 4 – 5 Minuten

Weihnachtsschnitte

Zutaten:

500 g Buttermürbeteig (Grundrezept, S. 11)
90 g Butter
150 g Zucker
150 g Bienenhonig
50 g getrocknete Feigen
50 g getrocknete Datteln
50 g getrocknete Zwetschgen
50 g geschälte, halbierte Mandeln
50 g halbierte Walnüsse
50 g geröstete Haselnüsse

Zubereitung:

Für dieses Rezept empfiehlt sich ein Backblech mit 4 geschlossenen Seiten in der Größe von 30 x 20 cm. Eine Springform mit einem Ø von 24 cm eignet sich ebenfalls.
Den Buttermürbeteig ausrollen und den gesamten Boden damit belegen, ohne Rand.
Im vorgeheizten Ofen bei 190 Grad ca. 5 Minuten anbacken bzw. hell backen, daß er nur eine ganz zarte Farbe bekommt. In einer Kasserolle Butter, Zucker und Honig aufkochen. Die getrockneten Feigen, Datteln und Zwetschgen je nach Größe 1 – 2 mal durchschneiden und mit den Mandeln und Nüssen unter die Honigmasse rühren. Auf dem Mürbeteig verteilen und glattstreichen. Dies muß im heißen Zustand geschehen. Ein nasser Teigschaber oder ein Messer sind eine gute Hilfe.
Das Blech nochmals in den Ofen schieben und solange backen, bis alle Nüsse eine schöne braune Farbe haben.
Nach dem Auskühlen in kleine Teile schneiden.

Backzeit: Elektroherd 190 Grad, 7 – 8 Minuten
Gasherd Stufe 2 – 3, 7 – 8 Minuten
Umluftherd 175 Grad, 6 – 7 Minuten

Knusperle

Zutaten:

375 g Zucker
80 g Butter
125 g geröstete Haselnüsse
125 g geschälte, halbierte Mandeln
125 g halbierte Walnüsse

Zum Tauchen:

dunkle Kuvertüre

Zubereitung:

Nur ausgesuchte, schöne Nüsse aus frischer Ernte verwenden. Haselnüsse, Mandeln und Walnüsse getrennt auf einem Backblech im Ofen rösten. In einer Kasserolle etwas Zucker auf dem Feuer unter ständigem Rühren mit dem Kochlöffel schmelzen. Nach und nach den restlichen Zucker beigeben. Goldgelb bis mittelbraun soll der geschmolzene, ganz aufgelöste Zucker sein. Die zimmerwarme Butter unterrühren.
Nüsse, Mandeln und Walnüsse mischen, nochmals gut erwärmen und in den Zucker geben. Die Kasserolle muß solange auf dem Feuer bleiben, bis alle Nüsse von der Zuckermasse gut umhüllt sind.
Auf ein gebuttertes, lauwarmes Backblech schütten und sofort mit zwei nassen Teelöffeln kleine Häufchen aufteilen. Der geschmolzene Zucker und die Mandeln entwickeln eine sehr starke Hitze. Vorsichtiges, jedoch sehr schnelles Arbeiten ist unbedingt erforderlich*.
Der hinreißende Geschmack versöhnt sicher mit einer eventuellen kleinen Brandblase.
Nach dem Erkalten in wenig dunkle aufgelöste Kuvertüre tauchen.

* Sollte der Zucker vor dem Aufteilen fest werden, ihn kurz in den warmen Backofen schieben.

Ergibt ca. 70 Stück, je nach Größe

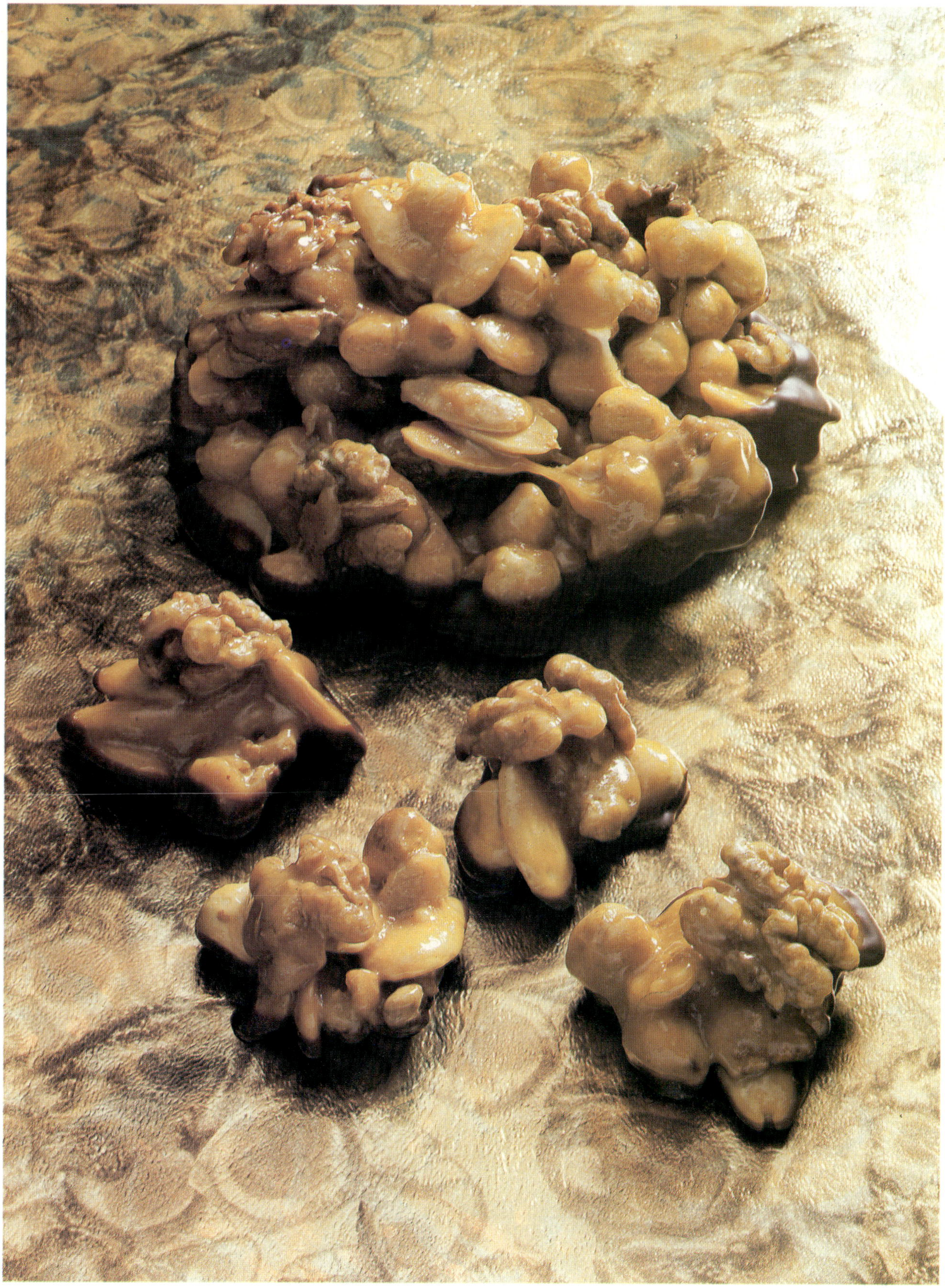

Dattelkonfekt

Zutaten:

300 g frische Datteln

Zum Füllen:

40 ml flüssige Sahne
80 g dunkle Kuvertüre

Zum Überziehen:

flüssige dunkle Kuvertüre

Zur Verzierung:

Walnüsse

Zubereitung:

Die frischen Datteln schälen, der Länge nach aufschneiden und den Stein entfernen (kleine Datteln eignen sich am besten).
Die flüssige Sahne in einer Kasserolle aufkochen und die fein geschnittene Kuvertüre darin auflösen und abkühlen lassen. Wenn diese Masse fest zu werden beginnt, in einen kleinen Spritzbeutel mit Lochtülle Nr. 3 einfüllen und so den entnommenen Kern ersetzen.
Mit einem Teelöffel oder Küchenmesser können die Datteln ebenso gefüllt werden.
Die Trüffelmasse wird nicht schaumig gerührt – so bleibt der zarte Schmelz der Schokolade erhalten.
Die Datteln gut zusammendrücken und in dunkle Schokolade tauchen. Als Verzierung eine Walnuß aufsetzen.
Sind keine halben Walnüsse vorhanden, können Walnußbruchstücke verwendet werden. Diese mit einem Rollholz durch Überrollen grob zerdrücken.
Dann die Datteln sofort nach dem Tauchen im Walnußbruch rollen.

Ergibt je nach Größe der Datteln 15 – 25 Stück

Zimtsterne

Zutaten:

100 g geriebene Haselnüsse
100 g geriebene Mandeln
200 g Marzipanrohmasse
300 g Staubzucker
100 g feiner Zucker
2 gehäufte Teelöffel Zimt
3 Eiweiß

Für die Glasur:

1½ Eiweiß und
240 g Staubzucker

Zubereitung:

Nüsse, Mandeln, Marzipan, Staubzucker, feinen Zucker, Zimt und Eiweiß mit dem Knethaken glattarbeiten.

Zimtsterne werden völlig ohne Mehl ausgerollt. Als Ersatz dienen geriebene Haselnüsse oder Mandeln.
Eiweiß und Staubzucker zu einer leicht schaumigen Glasur mit dem Schneebesen schlagen.
Zum Ausrollen und Ausstechen gibt es zwei Möglichkeiten:
1. Den Zimtsterneteig knapp 1 cm stark ausrollen, Zuckerglasur dünn aufstreichen und mit einem nassen Sternausstecher ⌀ 5 cm ausstechen. Es ist darauf zu achten, daß so eng wie möglich ausgestochen wird. Ausgerollte Teigecken bleiben übrig. Mit einer Handvoll Nüssen und einer Prise Zimt wieder zusammenarbeiten und von neuem beginnen.
Durch die 2 – 3malige Zugabe von Nüssen wird am Ende die Stückzahl erhöht.
2. Den Teig ca. 1 cm stark ausrollen, Sterne ausstechen und mit der Glasur einzeln bestreichen.
Im Backofen bei 190 Grad backen. Fertig sind die Zimtsterne, wenn sich von unten ein kleiner Fuß zeigt.
Die Glasur oben soll weiß sein oder nur einen kleinen Hauch von Bräune haben.

Ergibt je nach Größe 50 – 55 Stück

Backzeit: Elektroherd 190 Grad, 5 – 6 Minuten
Gasherd Stufe 2 – 3, 5 – 6 Minuten
Umluftherd 175 Grad, 4 – 5 Minuten

Haselnußplätzchen

Zutaten:

125 g geriebene Haselnüsse
4 Eiweiß
250 g Zucker
200 g Buttermürbeteig (Grundrezept, S. 11)
1½ Teelöffel Zimt

75 – 80 ganze Haselnüsse zum Belegen

Zubereitung:

Die fein geriebenen Haselnüsse mit dem Eiweiß und dem Zucker in eine Kasserolle geben und unter ständigem Rühren stark erhitzen. Die Masse völlig erkalten lassen. Buttermürbeteig, Zimt und die abgeröstete Masse zu einem glatten Teig kneten. Den Teig in einen Spritzbeutel Lochtülle Nr. 7 füllen und kleine Kugeln aufspritzen.
Vor dem Backen eine ganze, geröstete Haselnuß auflegen bzw. gut festdrücken.
Durch die Zugabe des Buttermürbeteigs werden diese Plätzchen nicht hart, sondern mürbe.

Ergibt ca. 75 – 80 Stück

Backzeit: Elektroherd 190 Grad, 7 – 8 Minuten
Gasherd Stufe 2 – 3, 7 – 8 Minuten
Umluftherd 175 Grad, 6 – 7 Minuten

Quittenwürfel

Zutaten:

500 g Quittenmark
550 g Zucker
50 ml Kochsaft

Zum Wälzen:

Hagelzucker

Zubereitung:

Apfel- oder Birnenquitten von ihrem Pelz durch Abreiben mit einem feuchten Tuch befreien. Blüte und Stiel entfernen und die Früchte waschen. Quitten vierteln, in einen Topf geben und mit Wasser bedecken. Solange kochen, bis alle Früchte anfangen zu zerfallen. Heiß durch ein Sieb passieren, Schale und Kernhaus bleiben zurück.
Das Quittenmark mit dem Zucker und dem Saft vom Kochwasser in einem schweren gußeisernen Topf oder Kupferkessel unter ständigem Rühren kochen, bis sich die Masse zusammenballt und der Topf- oder der Kesselboden sichtbar wird. Das Quittenmark kann mit etwas Rote Bete Saft (die Menge ist Gefühlssache!) gefärbt werden.
Auf ein mit Wasser befeuchtetes Blech oder in eine nasse Form schütten und auskühlen lassen.
In Würfel geschnitten und in Hagelzucker (grobkörniger Zucker) gewälzt, schmücken sie jeden Weihnachtsteller.
Die Quitte ist eine Frucht für Liebhaber, wer sie mag, liebt sie innig wegen ihres vorzüglichen Geschmacks.

Schlemmerberge

Zutaten:

300 g Zimtsterne-Teig (S. 80)

Zum Füllen (Trüffelcreme):

70 ml flüssige Sahne
140 g dunkle Kuvertüre
50 ml weißer Rum

Zum Verzieren:

ein Stückchen kandierte Orangeatschale
70 ganze Haselnüsse

Zum Tauchen:

dunkle Kuvertüre

Zubereitung:

Den Zimtsterne-Teig oder auch einen Teigrest der Zimtsterne ausrollen, ca. 3 cm rund ausstechen und abbacken.
In einer Kasserolle die flüssige Sahne zum Kochen bringen, die fein gehackte Kuvertüre darunterrühren, Rum zugeben und abkühlen lassen. In der Zwischenzeit aus der kandierten Orangeatscheibe dünne Streifen schneiden. Ein Julienne-Messer eignet sich bestens.
Die erkaltete Trüffelcreme mit dem Schneebesen gut schaumig rühren. Mit einem Spritzbeutel mit Lochtülle Nr. 6 auf die Unterteile kugelförmig aufspritzen. In die Mitte eine geröstete Haselnuß setzen und die Orangeatstreifen locker darumlegen. Etwas erkalten lassen und in die dunkle Kuvertüre tauchen.

Ergibt ca. 70 Stück

Backzeit: Elektroherd 190 Grad, 6 Minuten
Gasherd Stufe 2 – 3, 6 Minuten
Umluftherd 175 Grad, 5 Minuten

Walnußrosinchen

Zutaten:

60 g Sultaninen
40 ml Rum (38 %)
200 g Walnüsse (Stückchen)
3 Eiweiß
180 g Staubzucker

Zum Tauchen:

dunkle Kuvertüre

Zubereitung:

Die Sultaninen in Rum einweichen und gut abgedeckt über Nacht stehen lassen (nicht in den Kühlschrank stellen).
Nüsse auf einem Blech im Ofen leicht anrösten.
Eiweiß unter langsamer Zugabe des Zuckers zu einem steifen Schnee schlagen. Nüsse und Sultaninen darunterheben. Mit einem Teelöffel kleine längliche Häufchen auf dem Backblech, welches unbedingt mit einem Backtrennpapier belegt sein muß, verteilen und zart backen. Gut ausgekühlt schräg in flüssige, dunkle Kuvertüre tauchen.
Von manchen Gebäcksorten bleiben ab und zu kleine Mengen Haselnüsse, Mandeln oder Walnußbruch übrig. Diese können anstelle der Walnüsse verwendet werden.
Die gesamte Nußmenge kann bis zu 20 % erhöht werden.

Ergibt ca. 70 Stück

Backzeit: Elektroherd 190 Grad, 7 Minuten
Gasherd Stufe 2 – 3, 7 Minuten
Umluftherd 175 Grad, 6 Minuten

Lebkuchen

Lebkuchen soll es schon zur Zeit der Pharaonen im alten Ägypten gegeben haben, wo man diese Art von Gebäck schon in den Grabkammern der Nilebene als Beigabe fand.
Über die Klöster kamen die wohlschmeckenden Gebilde aus Gewürzen und Honig dann in unsere mittelalterlichen Backstuben.
Schon immer hat vor allem die Auswahl und Zusammensetzung der Gewürze den Wohlgeschmack des Endproduktes bestimmt. Heute werden im Handel derart vorzügliche Gewürzmischungen angeboten, daß es sich wirklich nicht mehr lohnt, auf eigene Zusammenstellungen zurückzugreifen.
Hauptbestandteil eines Lebkuchengewürzes sind in der Regel: Zimt, Nelken, Muskatnuß, Anis, Ingwer, Fenchel und Koriander.
Unterschiedlich wie die Formen sind auch die Geschmacksrichtungen dieses wohl bekanntesten aller Weihnachtsgebäcke.
Der einfachste Lebkuchenteig, den die Nürnberger Lebzelter schon im Jahre 1487 zu Ehren Kaiser Friedrichs III. für die Nürnberger Kinder backten, hatte Bienenhonig als wesentlichen Bestandteil.
Heute werden Teige aus Kunsthonig, Zucker, Gewürzen, Hirschhornsalz und Mehl meistens zu Figuren und einfachen Herzen verarbeitet.
Schon der teilweise oder vollständige Austausch des Kunsthonigs gegen Bienenhonig ändert nicht nur die Qualität, sondern auch ganz wesentlich den Duft und das Aroma des Lebkuchens.
Zusätzlich beigefügte Nüsse und Mandeln, Zitronat und Orangeat bewirken eine fast unglaubliche Steigerung des Wohlgeschmacks.
Eine weitere Variante ist der runde Lebkuchen, mit oder ohne Oblaten gebacken. Er ist der typische Verzehrlebkuchen schlechthin, den man so zwischendurch zum Kaffee oder Tee ißt. Weißer Lebkuchen hat im Gegensatz zum runden Lebkuchen einen großen Anteil an Eiern und gehobelten Mandeln und ist hell und unglasiert.
Besonders würzig und schmackhaft ist der Haselnußlebkuchen, der ausschließlich mit Zimt abgeschmeckt wird. Bei ihm sind gehobelte und geriebene Nüsse, Zitronat, Orangeat und Eiweiß die Hauptbestandteile.
Doch damit sind wir noch lange nicht am Ende unserer Möglichkeiten:
Es gibt Mandel-, Walnuß- und Makronenlebkuchen und vielerlei mehr!
Die absolute Krönung aller Lebkuchenköstlichkeiten aber ist der *Nürnberger Elisenlebkuchen.*
Bezeichnend für seine herausragende Bedeutung ist allein schon die Tatsache, daß sein Qualitätsstandard

strengstens durch das Lebensmittelgesetz überwacht wird.
Es schreibt unter anderem vor, daß mindestens 25 % Edelkerne, Nüsse und Mandeln enthalten sein müssen, höchstens aber 10 % Mehl. Die Glasur hat aus gekochtem Zucker oder aber geschmolzener Kuvertüre zu bestehen.
Verständlicherweise ist deshalb die Masse relativ schwer und wuchtig und so der Elisenlebkuchen sicherlich kein Gebäck für jeden Tag. Aber gerade zu besonderen Anlässen oder als außergewöhnliches Geschenk gibt es eben keinen ernstzunehmenden Mitstreiter um den Titel eines Königs unter allen bekannten Lebkuchenarten.
Ein gemeinsames großes Problem aber bewegt den handwerklich arbeitenden Konditor und den industriellen Großhersteller im gleichen Maße:
Gerade der Elisenlebkuchen, der großteils in schöngestalteten, buntbemalten Blechdosen verkauft wird und als besonderes Mitbringsel gilt, ist auch der empfindlichste Lebkuchen.
Er ist deshalb nicht zum langen Aufbewahren gedacht, sondern sollte spätestens zwei Monate nach der Herstellung auch konsumiert werden, was für Feinschmecker kein Problem sein wird!
Nach diesem Zeitpunkt baut die Qualität merklich ab und bei unglücklicher oder gar schlechter Lagerung beginnt er zu verderben.
Befolgen Sie also deshalb bitte unseren gutgemeinten und ernsten Ratschlag:
Backen Sie in kleinen, überschaubaren Mengen und stellen Sie lieber immer wieder neue Elisenlebkuchen her. Bevorraten Sie sich nicht mit zu vielen Dosen, sondern nehmen Sie jeweils im Bedarfsfall ein frischgebackenes Erzeugnis.
Genießen Sie diese weihnachtliche Köstlichkeit immer wieder aufs Neue und nur dann, wenn sie frisch ist.
Nichts wird Sie und Ihre Lieben mehr erfreuen als ein weiches, duftendes und saftiges Lebkuchengebäck und nichts vermittelt Ihnen mehr das Gefühl von Genuß und weihnachtlicher Freude.

Walnußlebkuchen

Zutaten:

150 g geriebene, geröstete Haselnüsse
8 Eiweiß
500 g Zucker
70 g Mehl
250 g grob geriebene Walnüsse
½ Teelöffel Zimt

Zum Belegen:

30 Walnüsse
30 eckige Oblaten 6 x 10 cm

Zubereitung:

Geröstete, fein geriebene Haselnüsse, Eiweiß und Zucker in eine Kasserolle geben. Unter ständigem Rühren stark erhitzen, auf ca. 50 Grad. Das Mehl, die grob geriebenen Walnüsse mit dem Zimt gut vermischen und in die Kasserolle geben. Ein kräftiges Durchrühren ist erforderlich, um eine gute Bindung zu erhalten. Die Masse darf nun etwas abkühlen, soll aber lauwarm aufgestrichen werden. Nach dem Backen erhält sie dadurch an der Oberfläche einen schönen Glanz.

Die Walnußlebkuchen können eckig oder rund aufgestrichen werden.
Als Gewichtsanhaltspunkt: eckige Oblaten 6 x 10 cm benötigen ca. 40 g Lebkuchenmasse. Bei diesem Gewicht ist der Lebkuchen schön voll und entsprechend saftig. Die Oblate wird mit der Lebkuchenmasse an die Tischkante gelegt und die Masse oben mit einem Messer glattgestrichen! An den Seiten nach unten abziehen, dabei das Messer etwas schräg halten zur Mitte des Lebkuchens. So entsteht eine glatte, saubere Kante und ein etwas konischer Lebkuchen.
Als Garnitur dient eine halbe Walnuß. Rund 10 Stunden auf dem Blech trocknen lassen. Die Temperatur in einer Küche ist ausreichend.
Bei Walnuß-, Haselnuß- bzw. bei allen abgerösteten Lebkuchen reißt die Oberfläche ungleichmäßig. Ein Zeichen, daß er richtig bzw. genügend getrocknet ist. Eine Backprobe mit 1 oder 2 Lebkuchen ist grundsätzlich zu empfehlen.
Sollte der Lebkuchen beim Backen noch sehr stark von der Oblate laufen, wird er erst am darauffolgenden Tag gebacken.

Ergibt 30 Stück

Backzeit: Elektroherd 190 Grad, 10 – 11 Minuten
Gasherd Stufe 3, 10 – 11 Minuten
Umluftherd 175 Grad, 9 Minuten

Elisenlebkuchen

Zutaten:

12 Eiweiß
700 g Zucker
240 g Marzipanrohmasse
120 g gewürfeltes Zitronat
120 g gewürfeltes Orangeat
300 g grob geriebene, geröstete Haselnüsse
300 g fein geriebene Mandeln
180 g Mehl
30 g Lebkuchengewürz
15 g Hirschhornsalz

Für die Glasur:

150 g Staubzucker
ca. 110 g flüssige Kuvertüre, dunkel

Zum Belegen:

halbierte Mandeln
kandierte Zitronatscheiben
40 Oblaten ⌀ 10 cm

Zubereitung:

Haselnüsse auf einem Backblech im Ofen rösten und die Schale abreiben. Eiweiß und Zucker zu einem steifen Schnee schlagen. Alle restlichen Zutaten in eine Schüssel geben und mit dem Knethaken der Küchenmaschine unter langsamer Zugabe des geschlagenen Eiweißes glattrühren. Die Masse muß kräftig durchgearbeitet werden.

Auf runde Oblaten ⌀ 10 cm jeweils 60 g Masse wiegen und den Lebkuchen konisch aufstreichen. Dabei werden die Oblaten auf ein gleich großes rundes Unterteil gelegt, z. B. Bodenunterteil eines Topfes. Die Masse mit dem Messer zum Rand hin flach werdend streichen.
Auf dem Backblech die Hälfte der Lebkuchen mit Mandeln belegen: 3, 4 oder 5 halbierte Mandeln und ein kleines dünnes Stück kandierte Zitronatscheibe in die Mitte.
Über Nacht in der Küche abtrocknen lassen. Am nächsten Morgen in den vorgeheizten Backofen schieben und backen. Die mit Mandeln belegten Lebkuchen werden noch im heißen Zustand glasiert. Staubzucker mit Wasser anrühren und die Lebkuchen mit einem Pinsel dünn bestreichen.
Lt. Lebensmittelgesetz müssen Elisenlebkuchen mit Fadenzucker überzogen werden. Dies ist eine äußerst schwierige und heiße Arbeit. Man sollte deshalb Staubzucker und Wasser bevorzugen. Durch die Wärme des Lebkuchens kandiert der Zucker und wird schon in wenigen Minuten schön trocken. Die unbelegten Lebkuchen nach dem völligen Auskühlen mit aufgelöster dunkler Kuvertüre bestreichen.

Ergibt 40 Stück

Backzeit: Elektroherd 190 Grad, 12 – 13 Minuten
Gasherd Stufe 3, 12 – 13 Minuten
Umluftherd 175 Grad, 10 – 11 Minuten

Elisenkonfekt

Zutaten:

450 g Elisenlebkuchenmasse (Rezept, S. 96)

Zum Verzieren:

halbierte Mandeln
ganze Haselnüsse
gestiftelte Mandeln
halbierte Walnüsse

Für die Füllung:

100 ml flüssige Sahne
30 g Marzipanrohmasse
30 g Butter
130 g dunkle Kuvertüre
50 ml weißer Rum
dunkle Kuvertüre zum Tauchen

Zubereitung:

Das gleiche Rezept wie zu „Elisenlebkuchen" oder mehr Masse zubereiten und den Rest der Lebkuchen verwenden.
Mit einem Spritzbeutel Lochtülle Nr. 7 Tupfen auf das Backtrennpapier spritzen. Die halbierten oder gestiftelten Mandeln, die ganzen, leicht gerösteten Haselnüsse oder halbierten Walnüsse auflegen.
Das Konfekt nach dem Aufspritzen sofort backen – ganz zart, bei nur leichter Bräunung.
In einer Kasserolle die flüssige Sahne aufkochen, Marzipan, Butter und die dunkle Kuvertüre zugeben und auflösen. Nach dem Abkühlen mit dem Schneebesen, unter Zugabe des weißen Rums, glattrühren.
Mit einem Spritzbeutel zwei Teile zusammensetzen.
Das Unterteil in flüssige Kuvertüre tauchen und das Konfekt auf Trennpapier absetzen.

Backzeit: Elektroherd 190 Grad, 8 Minuten
Gasherd Stufe 2 – 3, 8 Minuten
Umluftherd 175 Grad, 7 Minuten

Lebkuchenfiguren

Zutaten:

240 g Bienenhonig
300 g Mehl
10 g Lebkuchengewürz
8 g Hirschhornsalz

Zum Verzieren:

halbierte Mandeln
Haselnüsse
Kirschen
kandierte Früchte
Milch zum Bestreichen

Zum Abglänzen:

20 g geröstetes Kartoffelmehl
600 ml Wasser

Zubereitung:

Den flüssigen Bienenhonig mit dem Mehl, Lebkuchengewürz und dem Hirschhornsalz in eine Schüssel geben. Mit dem Knethaken oder von Hand zu einem glatten Teig arbeiten und abgedeckt 1 – 2 Stunden ruhen lassen. Diesen je nach Größe der auszustechenden Figuren 3 – 5 mm dick ausrollen. Je größer eine Figur ist, um so dicker muß der Teig sein. Vom Lebkuchenmann über den Tannenbaum bis zum Schaukelpferd oder Stern – alle figürlichen Ausstecher finden ihre Verwendung. Vor dem Belegen dünn mit einem in Milch getauchten Pinsel bestreichen.
Nüsse, Mandeln, Kirschen und kandierte Früchte auflegen. Alle Kinder dürfen mithelfen und ihren Ideen freien Lauf lassen. Mit einem kleinen Loch versehen, dienen sie später als Schmuck auf dem Weihnachtsbaum oder im Kinderzimmer. Gebacken werden diese Figuren lebkuchenbraun. Kartoffelmehl auf einem Blech im Backofen hellbraun rösten und abkühlen lassen. Wasser zum Kochen bringen, das Kartoffelmehl durchsieben, ins Wasser geben und kurz unter ständigem Rühren aufkochen. Damit die noch heißen Figuren mit einem weichen Pinsel überstreichen. Sie erhalten dadurch einen schönen Glanz.

Backzeit: Elektroherd 190 Grad, 8 Minuten
Gasherd Stufe 3, 8 Minuten
Umluftherd 175 Grad, 7 Minuten

Honigschnitte

Zutaten:

500 g Bienenhonig
250 g Zucker
200 g zerdrückte Haselnüsse
10 g Lebkuchengewürz
10 g Zimt
40 g gewürfeltes Zitronat
35 g gewürfeltes Orangeat
4 g Hirschhornsalz
2 Eier
500 g Mehl

Für die Glasur:

250 g Staubzucker
Wasser zum Anrühren

Zubereitung:

Bienenhonig und Zucker in einer Kasserolle unter ständigem Rühren erhitzen. Beide Zutaten müssen völlig aufgelöst sein, dürfen jedoch nicht kochen. Nach 2 – 3 Stunden Abkühlzeit kann der Teig zubereitet werden. Dabei ist zu beachten, daß die Honigzuckermasse tatsächlich bis auf Zimmertemperatur abgekühlt ist. Eine höhere Honigtemperatur würde zu einem zähen Teig führen. Bleibt dieser zu lange oder an einem zu kühlen Ort stehen, beginnt er zu kandieren und wird fest. Eine genaue Beachtung ist unbedingt erforderlich, sie ist für ein gutes Gelingen entscheidend.
Die Haselnüsse mit einem Rollholz durch Überrollen grob zerdrücken. Alle Zutaten in der Rührschüssel mit einem Knetarm zu einem glatten Teig arbeiten.
Das Backblech (45 x 30 cm) gut fetten oder mit Backtrennpapier auslegen. Der Teig ist sehr weich und wird mit dem Teigschaber glattgestrichen. Im Backofen auf der unteren Schiene bei nur 170 – 180 Grad backen. Wird eine andere Backblechgröße genommen, erhöht oder verringert sich die Backzeit.
Die Oberseite bekommt eine leicht dunkle Farbe. Zeigt sich beim vorsichtigen Berühren dieser ein leichter Widerstand bzw. ein leichtes Federn, ist die Backzeit beendet. Staubzucker mit Wasser zu einem mittelfesten Brei anrühren und die Oberfläche noch im heißen Zustand damit bepinseln.
Nach dem völligen Auskühlen in kleinere oder größere Stücke schneiden.

Backzeit: Elektroherd 170 Grad, 14 Minuten
Gasherd Stufe 2, 12 – 14 Minuten
Umluftherd 150 Grad, 10 – 12 Minuten

Früchtelebkuchen

Zutaten:

300 g Bienenhonig
50 g Zucker
200 g Weizenmehl
3 g Hirschhornsalz
1 Eigelb
20 g Lebkuchengewürz
20 ml Kirschwasser
120 g Roggenmehl
3 g Pottasche
40 g gewürfeltes Orangeat
40 g gewürfeltes Zitronat
40 g gestiftelte Mandeln

Zum Belegen:

60 g Aprikosenmarmelade
kandierte Früchte und Nüsse

Zubereitung:

Bienenhonig und Zucker in einer Kasserolle unter ständigem Rühren auflösen, gut erhitzen, aber nicht kochen. Nach zwei Stunden Weizenmehl und das Hirschhornsalz in die abgekühlte Masse geben, mit dem Knethaken oder Kochlöffel leicht verrühren. Mit den restlichen Zutaten, Eigelb, Lebkuchengewürz, Kirschwasser, Roggenmehl, Pottasche, Zitronat, Orangeat und Mandeln zu einem glatten Teig kneten. Hirschhornsalz und Pottasche dürfen auf keinen Fall zusammen in den Teig gegeben werden. Beide Sorten Treibmittel getrennt in Wasser aufgelöst und getrennt durch ein Haarsieb gegossen, garantieren einen lockeren Teig.
Nach einer Ruhezeit von 20 Minuten diesen Teig ca. 10 mm dick ausrollen und auf ein Backblech mit vier geschlossenen Seiten legen und backen. Bei diesem Rezept wurde ein rechteckiges Backblech in der Größe von 25 x 30 cm verwendet.
Zeigt sich beim Berühren der Oberfläche ein kleiner Widerstand, ist die Backzeit beendet. Im ausgekühlten Zustand in die gewünschte Form schneiden und mit heißer Aprikosenmarmelade dünn bestreichen. Als Verzierung verschiedene Früchte auflegen.

Backzeit: Elektroherd 170 Grad, 14 – 15 Minuten
Gasherd Stufe 2, 14 Minuten
Umluftherd 160 Grad, 12 – 13 Minuten

Gefüllte Lebkuchen

Zutaten:

300 g Bienenhonig
50 g Zucker
200 g Weizenmehl
3 g Hirschhornsalz
120 g Roggenmehl
3 g Pottasche
1 Eigelb
20 g Lebkuchengewürz
20 ml Kirschwasser

Für die Füllung:

240 g Marzipanrohmasse
180 g Orangenmarmelade
40 ml Kirschwasser

***Zum Bestreichen:** Milch*
***Zum Tauchen:** dunkle Kuvertüre*
***Zum Garnieren:** evtl. Nüsse*

Zubereitung:

Bienenhonig und Zucker in einer Kasserolle unter ständigem Rühren auflösen, gut erhitzen, aber nicht kochen.
Nach zwei Stunden das Weizenmehl und das Hirschhornsalz in die abgekühlte Masse geben, mit dem Knethaken leicht verrühren. Mit den restlichen Zutaten zu einem glatten Teig kneten.
Hirschhornsalz und Pottasche dürfen auf keinen Fall zusammen in den Teig gegeben werden. Beide Sorten Treibmittel, getrennt in Wasser aufgelöst und getrennt durch ein Haarsieb gegossen, garantieren einen lockeren Teig.
Den Teig nach einer Ruhezeit von ca. 1 Stunde dünn ausrollen.
Sterne, Herzen, Kringel oder Rechtecke ausstechen. Auf das Backblech legen und mit Wasser bestreichen.
Es wurden Ausstecher Ø 7 cm verwendet.
Für die Füllung Marzipan, Orangenmarmelade (Aprikosenmarmelade eignet sich ebenfalls) und Kirschwasser mit dem Schneebesen glattrühren. Mit einem Spritzbeutel Lochtülle Nr. 6 diese Masse flach aufspritzen. Ein Rand von ca. 5 mm bleibt frei. Mit jeweils demselben Ausstecher ein 2. Teil ausstechen, darüber legen und den Rand gut festdrücken.
Vor dem Backen die Figuren mit Milch dünn bestreichen und mit einer Gabel einige Male einstechen, um Blasen zu vermeiden.
Die Backzeit auf mittlerer Schiene bei 190 Grad richtet sich nach der Farbe hell bis mittelbraun.
Die erkalteten Figuren in aufgelöste Kuvertüre tauchen und beliebig garnieren.

Ergibt ca. 28 – 30 Stück

Backzeit: Elektroherd 190 Grad, 8 Minuten
Gasherd Stufe 2 – 3, 8 Minuten
Umluftherd 175 Grad, 7 Minuten

Haselnußlebkuchen

Zutaten:

10 Eiweiß
600 g Zucker
150 g Marzipanrohmasse
150 g gehobelte, geröstete Haselnüsse
150 g geriebene Haselnüsse
120 g gewürfeltes Orangeat
150 g Mehl
6 gehäufte Teelöffel Zimt
4 g Hirschhornsalz

28 Oblaten ⌀ 10 cm

Zubereitung:

In einer Kasserolle unter ständigem Rühren Eiweiß, Zucker und Marzipan auf ca. 50 Grad erhitzen. Die gehobelten Nüsse auf einem Backblech im Ofen goldgelb rösten. Zusammen mit den geriebenen Nüssen und dem gewürfelten Orangeat mit einem Holzkochlöffel unter die noch heiße Masse rühren. Mehl, Zimt und Hirschhornsalz zum Schluß darunterheben.
Im lauwarmen Zustand die Masse auf runde Oblaten streichen (⌀ 10 cm, 55 g Gewicht). Die Oblaten werden mit der Masse auf ein gleich großes rundes Unterteil gelegt und mit einem Messer zum Rand hin flach werdend abgestrichen. Es ist zu empfehlen, diesen Lebkuchen am Nachmittag herzustellen, über Nacht in der Küche abtrocknen zu lassen und am nächsten Morgen haselnußbraun zu backen. Nach 1–2 Tagen in der Blechdose entwickelt der Lebkuchen ein herrliches würziges Aroma.

Ergibt 28 Stück

Backzeit: Elektroherd 190 Grad, 10–11 Minuten
Gasherd Stufe 3, 10–11 Minuten
Umluftherd 175 Grad, 9 Minuten

Lebkuchenstrudel

Für den Teig:

375 g Mehl; 125 ml Wasser; 25 g Butter;
25 ml gutes Öl; 1 Ei; 1 Prise Salz

Lebkuchenfüllung:

5 Eiweiß
250 g Zucker
100 g Marzipanrohmasse
140 g geriebene Haselnüsse
50 g Mehl
10 g Lebkuchengewürz
30 g gewürfeltes Zitronat
30 g gewürfeltes Orangeat

Zum Übergießen:

30 ml flüssige Sahne; 10 ml Milch

Rotweinsoße:

½ l trockener Rotwein; 30 g Zucker; 1 Zimtstange
4 Nelken; 20 g Stärkepuder

Zubereitung:

Mehl, Wasser, Butter, Öl, Ei und Salz mit dem Knethaken oder von Hand zu einem glatten Teig arbeiten und 1 Stunde ruhen lassen.

Eiweiß und Zucker mit dem Schneebesen zu einem steifen Schnee schlagen. Das Marzipan mit etwas geschlagenem Eiweiß durcharbeiten, damit die Masse schön glatt wird. Haselnüsse, Mehl, Lebkuchengewürz und das glattgearbeitete Marzipan unter das Eiweiß heben. Den Strudelteig 60 x 40 cm ausrollen bzw. wie bei einem Apfelstrudel über die Handrücken dünn ausziehen. Gleichmäßig die Lebkuchenmasse aufstreichen. Das gehackte Zitronat und Orangeat darüberstreuen. Vorsichtig zusammenrollen und auf das Backblech, besser in eine längliche Form legen. Eine Backform, in der normalerweise Strudel gebacken wird, eignet sich am besten – in dieser bleibt er schön saftig.
In den vorgeheizten Ofen bei 190 Grad, mittlere Schiene, schieben. Die Backzeit beträgt rund 45 Minuten. Während dieser Zeit wird der Strudel 4 x überstrichen: Sahne und Milch in einen Becher geben. Nach 15 Min. das erste Mal überstreichen, dann alle 10 Min. jeweils so kräftig, daß die gesamte Sahne-Milch Mischung nach 45 Min. aufgebraucht ist.
Rotwein mit dem Zucker, Zimt, Nelken und Stärkepuder in einem Topf zum Kochen bringen.
Zimt und Nelken entnehmen und lauwarm mit dem warmen Lebkuchenstrudel servieren.

Backzeit: Elektroherd 190 Grad, 45 Minuten
Gasherd Stufe 2 – 3, 45 Minuten
Umluftherd 175 Grad, 35 – 38 Minuten

Pralinen

Frische, nicht industriell hergestellte Pralinen, sind eine außergewöhnliche und einzigartige Köstlichkeit. Der ganze Stolz des Konditors oder Hobby-Confiseurs ist die Kreation einer eigenen Mischung in vielfältigen Formen, Arten und Geschmacksrichtungen. Bedauerlicherweise verschwindet die früher sorgsam gehütete breite Palette dieser süßen Handarbeiten aus Gründen der Rationalisierung, und immer mehr behalten konfektionierte Massenartikel die Oberhand über differenzierte Individualität.
Die frische Praline ist wegen der Zartheit der Trüffelmasse nur sehr begrenzt haltbar. Mehr als zwei bis drei Wochen übersteht sie nicht, ohne bereits Schaden an Aussehen und Geschmack zu nehmen. Wie bei den meisten kulinarischen Fertigungen liegt auch die Kunst und der Erfolg bei der Pralinenherstellung schon im geschickten Einkauf der Rohmaterialien.
Kuvertüre, Marzipan, Nougat und Spirituosen sollten unbedingt von höchster Qualität sein.
Beste Zutaten und genaues Einhalten der Rezepturen ergeben den spür- und schmeckbaren Unterschied zu minderwertiger Ware und lohnen so den nicht gerade geringen Zeit- und Geldaufwand.
Der geschichtliche Ursprung all dieser Pralinengenüsse liegt im 17. Jahrhundert. Ein Küchenmeister des Marschall Plessy-Pralin stellte als erster in Frankreich gebrannte Mandeln und diverse Süßigkeiten her.
Seinem Herrn zu Ehren nannte er sie Pralin und später wandelte sie der Volksmund in Praliné um.
Was im Mittelalter noch erste Versuche in dieser Richtung waren, wurden im Laufe der Zeit immer raffiniertere und wohlschmeckendere Abwandlungen.
Dem Erfindungsgeist des Konditors sind heute bei der Füllung und Auswahl der Ingredienzen keinerlei Grenzen mehr gesetzt, zumal ja auch im Gegensatz zu früheren Zeiten das Beschaffen der benötigten Rohprodukte keine Schwierigkeiten mehr macht.
Wie bei allen Dingen im Leben erleichtern gewisse Kniffe und fundierte Fachkenntnisse die Herstellung ganz wesentlich.
So ist es beispielsweise bei der Herstellung der Pralinen mit Alkoholzusatz sehr empfehlenswert, diesen der jeweiligen Masse in *warmem* Zustand unterzurühren. Eine optimale, glatte Bindung aller Komponenten ist das Resultat.
Eine ganz besondere Note erhalten Pralinen oder auch gefülltes Gebäck unter anderem auch dadurch, daß die Trüffelmasse entweder glatt oder schaumig gerührt verarbeitet wird.
Auf der Zunge spürt man bei glattgerührter Trüffelmasse einen ganz anderen Schmelz als bei schaumig gerührter.
Keine der beiden Verarbeitungsarten vermindert die Qualität des Endproduktes.

Empfehlung
Bei der Herstellung von mehreren Sorten Gebäck mit Pralinenfüllung sollte man das Gewicht zusammenrechnen und gleich eine größere Menge im Ganzen kochen.
Die Masse bewahrt man in einer abgedeckten Schüssel im Kühlschrank auf und kann dann die jeweils benötigte Menge entnehmen.
Dies ist eine wesentliche Arbeitserleichterung, wie sie auch von den professionellen Herstellern angewendet wird.
Sehr wichtig ist es, die Kuvertüre zum Überziehen oder Eintauchen der Pralinen richtig aufzulösen.
¾ der feingehackten Kuvertüre wird in einem Wasserbad vollständig aufgelöst, den Rest gibt man dann unter langsamem Rühren darunter.
Sind alle Teile richtig aufgelöst, hat die Kuvertüre eine Temperatur von 37 Grad. Sie ist also körperwarm und der Praktiker spürt beim Berühren der Masse mit der Oberlippe sofort, daß sie sich weder kalt noch warm anfühlt – also perfekt ist. In diesem Moment kann man mit dem Überziehen oder Eintauchen beginnen.
Noch ein abschließender Tip, den erfahrene Hausfrauen anwenden: Sie geben einen Löffel Öl in die Kuvertüre und erzielen dadurch einen besonderen Glanz.
Konditoreien allerdings wenden diesen Trick nicht an, weil er vom Gesetz her ganz einfach aus lebensmitteltechnischen Gründen nicht erlaubt ist.

Trüffelmasse

Grundrezept

Zutaten:

1000 g Kuvertüre
½ l flüssige Sahne

Zubereitung:

Kuvertüre fein hacken und flüssige Sahne in der Kasserolle aufkochen. Von der Feuerstelle nehmen, die gehackte Kuvertüre einstreuen. Durch kräftiges Durchrühren diese ganz auflösen und abkühlen lassen.

Trüffelmasse mit Alkohol

Grundrezept

Zutaten:

1000 g Kuvertüre
½ l flüssige Sahne
350 ml Spirituosen 38 – 40 Vol. %
oder
300 ml Spirituosen 50 Vol. %
oder 240 ml Spirituosen 60 Vol. %

Zubereitung:

Kuvertüre fein hacken, flüssige Sahne in einer Kasserolle aufkochen, von der Feuerstelle nehmen und die gehackte Kuvertüre einstreuen. Ist diese völlig aufgelöst, vorsichtig den Alkohol darunterrühren und zum Abkühlen stellen.
Dieses Grundrezept trifft für alle Kuvertürearten zu: Vollmilch-, Bitter-, Mocca-, Karamel- oder weiße Kuvertüre.

Eine gute Geschmacksharmonie ergibt sich bei folgenden Zusammensetzungen:

Vollmilch-Trüffelmasse mit Cointreau, Himbeergeist, braunem Rum, Williamsbirne oder Grand Marnier.

Dunkle Trüffelmasse mit weißem Rum, Whisky, Zwetschgenwasser, Mocca oder Schlehengeist.

Weiße Trüffelmasse mit Champagner, Eierlikör oder Kirschwasser.

Walnußtraum

Zutaten:

100 g Marzipanrohmasse
50 g Staubzucker
100 ml flüssige Sahne
200 g Vollmilch-Kuvertüre
60 ml Grand Marnier
ca. 60 halbe Walnüsse

Zum Überziehen:

Vollmilch-Kuvertüre

Zubereitung:

Marzipanrohmasse mit Staubzucker zusammen glattarbeiten. Mit etwas Staubzucker ca. 3 mm stark ausrollen und mit einem glatten Ausstecher (Ø ca. 2½cm) ausstechen.
Flüssige Sahne in einer Kasserolle aufkochen und vom Feuer nehmen. Die fein gehackte Vollmilch-Kuvertüre darin auflösen und den Grand Marnier vorsichtig darunterrühren. 2 – 3 Stunden in der Küche abkühlen lassen. Fängt die Pralinenmasse an, fest zu werden, diese mit einem Schneebesen glattrühren, auf keinen Fall schaumig.
In einen Spritzbeutel mit Lochtülle Nr. 7 füllen und runde Tupfen auf den Marzipanboden spritzen. Die halben Walnüsse auflegen.
Auf eine Pralinengabel oder normale Gabel legen und in die aufgelöste Vollmilch-Kuvertüre tauchen. Mit der Gabel am Kesselrand gut abstreifen und auf Trennpapier setzen.

Ergibt ca. 60 Stück

Schneebälle

Zutaten:

100 ml flüssige Sahne
240 g weiße Kuvertüre

Zum Überziehen:

weiße Kuvertüre

Zum Wälzen:

Kokosflocken

Zubereitung:

Die flüssige Sahne in einem Kessel aufkochen, weiße Kuvertüre fein hacken, darin auflösen und abkühlen lassen.
Mit dem Schneebesen der Küchenmaschine die kalte Pralinencreme gut schaumig rühren (oder von Hand mit dem Schneebesen schaumig schlagen).
Nicht zu kleine Tupfen mit einem Spritzbeutel Lochtülle Nr. 7 auf das Backtrennpapier spritzen. Diese 2 – 3 Stunden an einem kühlen Ort oder 1 Stunde im Kühlschrank fest werden lassen.
Zwei halbe Kugeln an der flachen Seite leicht zusammendrücken. Weiße Kuvertüre auflösen. In der Hand mit sehr wenig Kuvertüre rollen und zurück auf das Trennpapier geben. Dieses Vorrollen in der Hand ist unbedingt notwendig, dadurch entsteht zwischen den beiden Halbkugeln eine gute Verbindung und eine ganz dünne Schokoladenschicht.
Werden diese Kugeln nicht in der Hand vorgerollt, sondern mit der Gabel überzogen, verlieren sie die schöne runde Form.
Beim zweiten Arbeitsgang wird die Kugel auf die Gabel gelegt und in die weiße Kuvertüre getaucht. Von der Gabel sofort in den Kokosflocken rollen.

Ergibt ca. 30 – 33 Stück

Haselnuß-Nougat-Hütchen

Zutaten:

90 g Marzipanrohmasse
60 ganze geröstete Haselnüsse
320 g Haselnußnougat
50 g Ananaskonfitüre oder Orangenmarmelade
dunkle Kuvertüre

Zum Dekorieren:

ganze Haselnüsse

Zubereitung:

Die Marzipanrohmasse zu einem Strang rollen und in 30 Teile schneiden. Eine ganze Haselnuß in jedes Marzipanteil eindrücken und zu einer Kugel rollen.
Haselnußnougat im Wasserbad etwas erwärmen und glattrühren. Staniol- oder kleine Pralinenförmchen auf eine Platte legen, mit einem Spritzbeutel mit Lochtülle Nr. 7 den Nougat verteilen. Die Marzipankugel ganz in den Nougat drücken. So entsteht eine Art Trichter. Mit einem Teelöffel die Ananaskonfitüre oder Orangenmarmelade auf die Marzipankugel geben. Mit dunkler flüssiger Kuvertüre mit Hilfe eines Teelöffels die Kapseln abdecken.
Durch leichtes Klopfen auf die Platte verläuft die Kuvertüre glatt. Im Kühlschrank mehrere Stunden durchkühlen lassen. Die Praline aus der Kapsel nehmen. Mit einer Gabel halb in dunkle flüssige Kuvertüre tauchen. Als Garnitur eine ganze Haselnuß aufsetzen.
Werden die Pralinen in bunten Staniolkapseln gemacht, empfiehlt es sich, sie darin zu belassen und die Haselnuß auf die dunkle Kuvertüre zu setzen.

Ergibt 30 Stück

Kirschriegele

Zutaten:

80 ml flüssige Sahne
1 Teelöffel Nescafé
160 g dunkle Kuvertüre
4 Teelöffel Rum 38 %
180 g Marzipanrohmasse
etwas Staubzucker
100 g Amarenakirschen (im Feinkostladen erhältl.)

Zum Bestreichen:

Vollmilch-Kuvertüre

Zubereitung:

Flüssige Sahne in der Kasserolle mit dem Nescafé aufkochen, dunkle Kuvertüre fein gehackt darin auflösen und den Rum zugeben. 2 – 3 Stunden auskühlen lassen.
Marzipanrohmasse mit etwas Staubzucker 30 x 10 cm groß ausrollen. Diese Fläche halbieren, so entstehen zwei Teile je 15 x 10 cm. Die leicht angezogene Trüffelmasse mit dem Schneebesen glattrühren. Die Hälfte dieser Masse auf ein Teil Marzipan streichen. Amarenakirschen in ein Sieb schütten, abtropfen lassen und die Kirschen auf der Trüffelcreme verteilen. Leicht andrücken und die restliche Trüffelmasse darüberstreichen. Nun die zweite Marzipanplatte auflegen und die Seiten glattstreichen. Im Kühlschrank gut durchkühlen lassen. Die Oberseite mit aufgelöster Vollmilch-Kuvertüre dünn mit einem Messer oder einem Pinsel bestreichen.
Mit zwei Tortenplatten das Rechteck umdrehen und die Unterseite ebenfalls bestreichen.
Diese ein zweites Mal bestreichen und mit dem Messer ein paar Konturen anbringen. Mit einem feuchten Sägemesser Rechtecke von 2 x 2½ cm schneiden. Eine rechteckige Form mit 4 Rändern in gleicher Höhe erleichtert enorm die Arbeit, da in diesem Fall die Trüffelmasse glatt bis zum Rand gestrichen wird.

Ergibt ca. 30 Stück

Whiskyflammen

Zutaten:

125 ml flüssige Sahne
250 g dunkle Kuvertüre
70 ml Whisky
50 g gestiftelte, geröstete Mandeln

Zum Überziehen:

dunkle Kuvertüre

Zubereitung:

Sahne in einer Kasserolle aufkochen, die Kuvertüre fein hacken und darin auflösen. Noch im warmen Zustand den Whisky unterrühren. Diese Masse nun ganz abkühlen bzw. fest werden lassen. Danach mit dem Schneebesen der Küchenmaschine sehr schaumig rühren.
In den Spritzbeutel mit Lochtülle Nr. 4 füllen und auf Backtrennpapier spritzen. Tupfen spitzenförmig nach oben abziehen. Mehrere Tupfen zusammen, locker bis wild aufgespritzt, ergeben das Bild einer lodernden Flamme.
Die gestiftelten, gerösteten Mandeln als kleines Durcheinander eingedrückt, tun ein weiteres dazu.
Nach dem Erkalten auf eine Gabel setzen und in die flüssige Kuvertüre tauchen.

Ergibt ca. 50 Stück

Champagnertrüffel

Zutaten:

100 ml flüssige Sahne
200 g weiße Kuvertüre
100 ml Marc de Champagne

Zum Überziehen:

flüssige weiße Kuvertüre

Zubereitung:

Die flüssige Sahne in einer Kasserolle aufkochen und vom Feuer nehmen. Die weiße gehackte Kuvertüre darin auflösen, Marc de Champagne unter die warme Pralinencreme rühren und abkühlen lassen.
Trüffel sind grundsätzlich rund.

Für ihre Herstellung bieten sich zwei verschiedene Arbeitsgänge an:

Ohne Formen oder Hohlkörper:
Die abgekühlte Trüffelmasse kurz vor dem Festwerden mit dem Schneebesen glatt, aber nicht schaumig rühren. Mit einem Spritzbeutel Lochtülle Nr. 9 runde Tupfen auf ein Backtrennpapier spritzen. Nach ca. 15 Minuten ist die Masse etwas fest geworden. Auf eine Gabel setzen und in die flüssige weiße Kuvertüre tauchen. Gut abstreifen und fest werden lassen. Ein zweites Mal in die Kuvertüre tauchen und kurz vor dem Erstarren der Kuvertüre mit der Gabel Konturen hochziehen.

Mit Formen oder Hohlkörper:
Trüffelformen mit Watte auspolieren. Anschließend mit einer Schöpfkelle mit Kuvertüre vollfüllen, sofort umdrehen und auslaufen lassen. Vor dem Erstarren der Kuvertüre mit einem Messer die Oberfläche glattstreifen. In die ausgegossenen Formen oder die fertig gekauften Hohlkörper mit einem Spritzbeutel Lochtülle Nr. 4 die kalte aber dickflüssige Masse füllen. Formen vor dem völligen Erkalten zusammensetzen. Hohlkörper mit einem Tupfen Kuvertüre verschließen. Gut kühlen lassen. Die Kugeln mit einer Gabel in die Kuvertüre tauchen und auf ein Kuchengitter setzen. Vor dem Festwerden über das Gitter rollen.

Ergibt ca. 40 – 45 Stück

Rezepte von A–Z